काव्यांजलि प्रभात

काव्यांजलि प्रभात

जगराम सिंह

GenNext Publication

काव्यांजलि प्रभात

I ISBN: 978-93-5324-177-3

भारत सन् 2019 में प्रकाशित

जेन्नेकस्ट पब्लिकेशन

5, अंसारी रोड, दरियागंज,

नई दिल्ली-110002

Phone : 9811692060

ई-मेल: gennextpublication@hotmail.com

मुद्रित: जी. प्रिंट प्रोसेस, दिल्ली

प्रशस्ति

'काव्यांजलि प्रभात' श्री जगराम सिंह द्वारा रचित काव्य संग्रह 'काव्यांजलि प्रभात' से उनकी काव्य-निष्ठा और शाब्दिक चेतना का पता चलता है। मात्रिक छन्दों के इस संकलन में वैचारिक विषय जैसे अधिष्ठान (साध्य), साधन, साधक और साधक की कर्मेकनिष्ठा आदि खण्डकाव्य रूप में विद्यमान हैं। प्रचारक और साधक का जीवन कवितामय हो जाए इससे अच्छी और कोई बात नहीं हो सकती। कलाएँ मनुष्य को संवेदनशील, रचनात्मक और भीतर से हरा-भरा बनाये रखती हैं। एकांत में रस घोलने की कला कविता में है। जो उड़ान कल्पना की होती है वह किसी विमान द्वारा भी संभव नहीं है। कविता कल्पना और विचारों का भावात्मक तालमेल है।

श्री जगराम जी का जीवन एक राष्ट्रसेवी साधक का जीवन है ब्रह्ममुहूर्त से देर रात्रि तक थकाऊ व्यस्तता। उसके बाद भी इस स्तर का निरन्तर सृजन उनकी विद्वता और लगनशीलता का परिचायक है उनसे मिलना भी किसी स्नेह उत्सव से भी कम नहीं। अनेक नई प्रतिभाएं भी उनकी छाया में पुष्पित पल्लवित हो रही हैं।

मैं उनकी इस कृति के लिए अपनी आकाशभर शुभकामनाएं देता हूँ। सारी धरती में उनका काव्य-प्रकाश फैले, यही कामना है।

पद्मश्री डॉ. सुनील जोगी

उपक्षेप

‘काव्यांजलि प्रभात’

कविता व्यक्ति की समग्र वैयक्तिक चेतना के जागरण का कार्य करती है। भाषा, शैली, छन्द, रस, अलंकारों आदि के सरस प्रवाह से मन, बुद्धि, चित्त चेतना का सिंचन कर व्यक्ति के जीवन में निराशा का तिमिर नष्ट कर आशा का संचार करने का सर्वाधिक सशक्त माध्यम है काव्य। जो स्वयं जागृत है वही अन्य को जागृत करने का प्रयास या उपक्रम कर सकता है। कविता को जागरण का पर्याय माना जाता है। प्रभात और जागरण अनन्त काल से एक दूसरे के पूरक या संबंधित माने जाते हैं! कवियों, साहित्यकारों, रचनाकारों ने अपनी रचनाओं के माध्यम से प्रकृति के प्रभात को मानव के जागरण के साथ जोड़ा है। प्रभात शब्द नूतन नवल चेतना का संदेश जीवन में भरता है। ‘काव्यांजलि प्रभात’ के रचयिता कवि श्री जगराम जी स्वयं में एक जागृत साधक हैं। संघ प्रचारक होने का अभिप्राय ही साधनापूर्ण जीवन शैली हो जाती है। व्यक्ति की कर्मेकनिष्ठा समाज और राष्ट्र का निरंतर चिंतन, मंथन आदि व्यक्ति के जीवन को दिव्य बना देता है। अपनी काव्य साधना में श्री जगराम जी एक शब्द शिल्पी एवं एक सफल कवि के रूप में दिखाई देते हैं। जीवन के किसी भी क्षेत्र में सफलता और सार्थकता दोनों महत्वपूर्ण हैं किंतु सफलता की तुलना में सार्थकता अधिक महत्वपूर्ण हो जाती है। किसी व्यक्ति की सफलता व्यक्तिगत हो सकती है किन्तु सार्थकता व्यापक होकर लोक के साथ एकाकार हो जाती है! श्री जगराम जी के काव्य लेखन की सफलता उद्देश्यों की सार्थकता की ओर ले जाती हुई स्पष्ट दिखाई देती है। उनके संकलनों के शीर्षक ही कविता एवं उनके काव्य सृजन की सार्थकता की ओर इंगित करते उनके लेखन का उद्देश्य स्पष्ट करते दिखाई देते हैं! ‘काव्यांजलि भोर’, ‘काव्यांजलि उदय’, ‘काव्यांजलि किरण’, ‘काव्यांजलि तेज’, ‘काव्यांजलि प्रभात’ आदि। सभी का एक दूसरे से क्रमिक संबंध एवं भाव प्रवाह दिखाई देता है!

कवि होना या काव्य लेखन बहुत बड़ा दायित्व है! व्यक्तिगत विचार एवं भावना को शब्दबद्ध कर पाठक या श्रोताओं तक प्रेषित करना एक कठिन कार्य है। जिसके लिए जीवन में निरंतर साहित्य साधना और तपस्या की आवश्यता होती है! श्री जगराम जी ने इस कठिनाई एवं बाधा को सहज भाव से पार कर सृजन की धारा को आगे बढ़ाया है! मात्रिक छन्द में रचित प्रस्तुत संकलन में वैचारिक विषय एवं अधिष्ठान को खण्ड रूप में प्रस्तुत किया गया है! श्री जगराम जी की काव्य चेतना को नमन करते हुए नित्य नूतन सृजन की अनन्त शुभकामनाएँ समर्पित करता हूँ और एक और नए संकलन की प्रतीक्षा रहेगी!

गजेन्द्र सोलंकी
(कवि)

विषय सूची

सरस्वतीवंदना

सारदे! अम्बे सरस्वती।
शारदे! माँ भारती।।2।।

श्वेत पद्मासन निज तज माँ,
तिमिर का सिर फोड़ दे।
ज्ञान का दिनकर उगा माँ,
तम युगल पग तोड़ दे।।

हंस पर चढ़कर भगवती,
ज्योति वितान तान दे।
प्रसूनों की मलय जगती,
हो अटल हिय स्थान दे।।

अंक ले वीणा वादिनी,
उर ज्ञान तंतु जगा दे।
सप्त स्वर-युत तान रागिनी,
बजा, अज्ञान भगादे।।

गति, लय, ताल छन्द मय निर्झर,
शारदे! कण्ठ बहा दे।
मधु वसंत मृदुल कोकिलसुर,
की 'मानस' ह्यि भर दे।।

विद्या देवी ज्ञानदायिनि,
विहंसि बुद्धि का वर दे।
अनल, अशांति की विनाशिनि,
निश्छल शांति उर भरदे।।

ज्ञान का ले दीप कर में,
उर अन्तर्दीप जला दे।
कर शुचिमति का भर उर में,
सार प्रसून खिला दे।।

प्रेरणा के स्रोत भर मां,
विहान दर्शन चाव दे।
तम दनुज का दहन कर माँ
"जगराम" उर भाव दे।।

◆◆◆

फूटन

उन्मत्त नागिन सी लपक लपक,
चहुंदिशि निज विष फैलाती है।
दुलरी रसना की लपकन से,
जन मन प्रति शोध बढ़ाती है।।

यह लोभ क्रोध की चपल भगिनि,
यह कुलटा दारा स्वारथ की।
भूपर अनाथिनी सी विचरे,
सामाजिक कोढिन घर घर की।।

सुर नर मुनि किन्नर सकल इसके,
बल के आगे झुक जाते हैं।
इस कलुष अभागिनि के प्रभाव,
के बल से सब मिट जाते हैं।।

यह तो चेरी उन मनुजों की,
जो वाम कहे पग धरते हैं।
यह स्वामिनि भी उन मनुजों की,
जो नारि छवि निरख जीते हैं।।

कलुषित शासन अनंग सा है,
या तीखा-निरस स्वाद सा है।
या नौरस से है पगा हुआ,
या सुमधुरा सोम शशि सा है।।

इसका कुशासन विध्वंसक है,
जिस गले लगे चटखाती है।
जो तले रहा इस कुलटा के,
उसको समूल खा जाती है।।

आखिर अटल किस्मत वाली है,
जो घर-घर शासन करती है।
सभी लोकों की महाशक्तियों-
को भी वश में रखती है।।

देखो उन विजित नृपालों को,
जो राज्य प्रकृति पर करते थे।
जल थल नभ के सचराचर सब,
जिसके चरणों सिर धरते थे।।

जग विदित नाम दसकन्धर का,
वर्णित है ग्रन्थ पुराणों में।
पग धरते महि कंप जाती थी,
पौरुष हो कितना बाहों में।।

सभी भुवनों की महाशक्तियाँ,
जिसके अनुशासन रहती थी।
जिसके शासन में प्रजा कभी,
'पर' आगे हाथ न धरती थी।।

बिन मांगे सब दे जाते थे,
प्रकृति अनुचर सकल आ-आ के।
तब अज्ञान गरीबी दरिद्रता,
दुख कभी न शासन में झांके।।

जब इसके पग उस घर धमके,
तब बांधव अरि सम दिखलाया।
संयोग राम से कर उसनें,
नर वानर से कुल मिटवाया।।

सोचो इस कुलटा के बल से,
दसानन का कुल विनाश हुआ।
मिट गई देह इस अवनी से,
क्षण में घमण्ड भ्रम दूर हुआ।।

तात! न इसको घर आने दो,
या स्वयं न इसके ढिंग जाओ।
करो स्वविवेक से काम सदा,
ध्यान न इसका मन में लाओ।।

इसनें ना-कुछ से लुटवायी,
सम्पत्ति उन दांगी शूरों की।
हड्डियाँ मांस से खिंचवा दी,
गीदड़ से इसने शेरों की।।

इसनें इस प्रथम चाल के बल,
हमसे शूरों को छीन लिया।
ग्यारहवीं सदी में इसनें,
भारत में फिर, से जन्म लिया।।

भारत में पृथ्वीराज धनुर्धर,
दिल्ली का ताज संभाले था।
सुसंतुष्ट सुखी समृद्ध प्रजा को,
निज पौरुष से ही पाले थे।।

चहुं ओर नगाड़े बजते थे,
निर्भीक सारे जन रहते थे।
सभी बृद्ध-युवा-नर-बालक गण,
आनंद चैन से जीते थे।।

जयचंद्र नाम है विदित जहाँ,
जो मौसेरा भाई ही था।
जलता था थाती के पीछे,
निज मन से जो दुखिया ही था।।

जयचंद्र गया गजनी सजके,
मन में स्वारथ के भाव भरे।
एक बार नहीं सत्रह बार तक,
सब मिटे न उर के घाव हरे।।

यवन गोरी सत्रह बार भगा,
पृथ्वी के अचूक वाणों से,
एक बार नहीं वह झेल सका,
शेरो के तीक्ष्ण वाणों को।।

जब फूटन घर में आती है,
तो एक दिन झुकना पड़ता है।
पृथ्वी के संग भी हुआ हाल,
जिस बस मुख हार देखता है।।

मिट गया दुलारा भारत का,
मिटवाया फूटन के सुत नें।
विश्वास घाती तन ले भागा,
तब वतन लिया मुगलों सुत नें।।

अब तो कुछ सोच लिया होगा,
कि यह तो कितनी हत्यारिनि है।
बदला भारत का खुश सपना,
यह तो कितनी दुखदारिनि है।।

यह तो न उजला चेहरा है,
जो अनल वदन बतलाता है।
जो इसके साये में पनपा,
वह काल गाल हो जाता है।।

एक और प्रतापी महावीर,
इस महादेश का सूर्य हुआ।
निज राष्ट्र हेतु कुल सौंप दिया,
ऐसा मां का एक लाल हुआ।।

आखिर राजा छोटा ही था,
जो चित्तौड़ खण्ड में रहता था।
अति कर्मठ त्यागी निर्भीक भूप,
स्वतन्त्रता स्वप्न हृदय रखता था।।

आखिर कुलीन रण वंशी वह,
अरि उर पर शासन करता था।
भेंट राष्ट्र सुरक्षा में जीवन,
राणा तन मन नित देता था।।

इसी नासिन ने मान उर में,
कुछ कंटक भाव उगा डाले।
मिल गया मान अकबर नृप से,
राणा के मान मिटा डाले।।

मिट गया, लुट गया, उजड़ गया,
पवित्र राष्ट्र सुरक्षा की खातिर।
कुल सहित ठोकरें दर-दर की,
उसने खायी यह जग जाहिर।।

शेष न मान का सम्मान रहा,
आखिर वह भी आधीन हुआ।
खुल गये भूल के लौह द्वार,
जब ब्रह्मदेश पराधीन हुआ।।

मिट गई कहानी शूरों की,
फूटन की फूटी नीती से।
कण कण से उजड़ा आर्य देश,
फूटन की तीखी प्रीती से।।

माँ की गोदी के दीवाने,
वे तो सभी चिकने पत्थर हैं।
गंगा यमुना की सतत धार,
अरि हित सब तन से सागर हैं।।

न शान्त हुई न हिम्मत हारी,
यह कुटिल चपल फूटन नारी।
सोलहवीं सदी में इसनें,
निष्कंटक स्वार्थ वंशी डारी।

स्वच्छन्द बयार समान चलके,
स्वरंग चीर को रंग डाला।
स्वारथ की मदिरा पान करा,
आपस में भेद बीज डाला।।

कर दिया उजागर जलद पटल,
रणवीरों के मानस पन का।
हो गये अनुचर परकीय के,
कर मर्दन निज मान बड़प्पन का।।

गोरों के घाती फन्दों से,
ली स्वास चैन की भारत ने।
मणिमय स्वतंत्रता की माला,
उर पहनी मुदित हो भारत ने।।

जब दुष्टा कलंकिनी फूटन को,
कोई न दूसरी चाल मिली।
तब उसने चाल नयी सोची,
बिन बांटे एक पग नहीं हिली।।

भोले भाले दीवानों को तब,
यह कुटिल चाल निज मन भायी।
स्वतंत्रता के मतवालों के मन,
जातिवाद की धुन मन छायी।।

फल को दो फलकों में करके,
फल के दो फांके कर डाले।
बंट गई एकता की किरणे,
कमजोर हुए एक वदन वाले।।

इस महादेश के हुए उपखण्ड,
साम्प्रदायिकता का जन्म हुआ।
सोने की चिड़िया वाला जो,
निर्धन के शीश का ताज हुआ।।

नगपति ने शीश उठा निरखा,
भारत में बस दीवारें हैं।
रामकृष्ण वाली स्वर्णिम नगरी,
के ताज दिख रहे काले हैं।।

स्वयं तो था एक दिन विश्व गुरु,
संस्कृति कला की भी जननी था।
सुर रहनें को ललचाते थे,
ऐसी यह पावन अवनी था।

आज 'यह' बनी कृश गात भली,
गति अनाथ सम बन नाच रही।
परिवेश रखा जन-जन कर में,
द्रोपदी सम दुर्गति झलक रही।।

तन की आभा मुख की कांति,
मिट गई दुःशासन के आगे।
जातीय भेद तज सब जागो,
बच जाये लाज जग के आगे।।

ऐ! भारत के वीर जवानों अब,
अतीत का पौरुष पहिचानो।
गंर्जना करो मृगेन्द्र जैसी,
अस्मिता निज निरखो परवानो।।

शोणित की सरिता बहा आज,
इन कलंकियों का नाश करो।
हो धवल राष्ट्र के नव प्रहरी,
कुर्सी के लोलुप सब नष्ट करो।।

भारत के अमर सपूतो जग,
आ पवित्र गंगा के संगम पर,
दुश्मन हित पावन रेती में,
खोदे बलिवेदी वक्षस्थल पर।।

करो प्रवल क्रांन्ति सुसमृद्धि हेतु,
निश्चल मन से शांति लाओ।
"जगराम" भुज बल से राष्ट्र में,
सुसंचालित राम राज्य लाओ।।

◆◆◆

भूपरी

देवेश धाम की अरुण प्रभा,
सुरनर मुनि मन बसनें वाली।
अविनासी अलख अनंद अजर,
अलवेली अपूर्व छवि वाली।।

स्वच्छन्द विहार सब द्वीप-भुवनों,
में हो मतवाली रहती हूँ।
नंदन वन के स्वर्णिम सुमनों,
पत्तों पर जीवन जीती हूँ।।

कामिनी कमला केश काले,
रवि-कनक कांति सी काया है।
सच सरस सलज्ज सुशील स्वभाव,
मधुमय मन की नव माया है।।

नौरस, नौताल छन्द नौनिधि,
स्वर सातो नवतन धारिणि हूँ।
सोलह श्रृंगारों से लथपथ,
जनमानस मनकी तारिणि हूँ।।

छायी छायामय मुकुर छटा,
मुख मण्डल की आभा न्यारी।
सिर तज बदन कर पग कटि तन,
मधु चाल ढाल प्यारी प्यारी।।

नव नयन लावण्य नीर निधि हैं,
भृकुटी अनंग कर सायक है।
नासिका नाक की ताज नाज,
अधरों की लाली पावक है।।

पग प्रथमा प्रहर पल्लव समान,
कर संध्या शांत स्निग्धता है।
दतियां शुचि शरद नक्षत्र समान,
मन वाणी की दिव्य मग्नता है।।

सुख दुख रहित अविनासी ढिंग,
पावन तन मन का वास रहा।
पर मन निर्गुण निर्विकार निमेष,
नैराष्यमयी तन रास रहा।।

अकुलाहट अधीर अवि चलता,
मन पंकज तन कटि दुखित हुआ।
धरणी की महा महिम महिमा,
मुग्धता मानस मन मुदित हुआ।।

स्वर्गिक आनंद मन प्रमोद छोड़,
अवनि दृश्य निरखनें आयी हूँ।
जीवन के अनंत विचारों को,
ले जीवन जीनें आयी हूँ।।

निरखि प्रकृति छवि महि छबि सकल,
मन आनंद अंगड़ाई छायी।
चर-अचर जगत के सभी जीव-
जगती की छबि निज मन भायी।।

अनमोल रतन शान्ति काले,
उर भूपर रमनें को आयी।
रवि इन्दु चतुर्दिक षटऋतु मोह,
लता में निज सुधि विसरायी।।

बेटोक बसंत भाव उर ले,
किलकियां मार सन्मुख आया।
मधुरस पगी सनी बाहों से,
चिर प्रेम भाव निज दिखलाया।।

विटप पल्लव पात मुस्कान सदृश,
भीनी-भीनी बयार में हिल।
तन उछल कूद नूपुर ध्वनि पग,
मुख कांति दिवा भानु झिलमिल।।

अधखिले खिले नव सुमन बिहसि,
हृदय रंग-विरंगे भाव लिए।
मोरनी अतिथि के स्वागत में,
कर सुमनों की जयमाल लिए।।

कानन निज आनन से प्रमुदित,
सुधि गन्ध खजाना लुटा रहा।
चर निरोग मृदु कटु औषधियाँ,
प्राकृतिक रम्यता थोप रहा।।

तन पुलकित प्रमुदित हुलस हुलस,
निरख काम रम्यता ऋतुवर की।
रमनी सुरपुर की रमी पुलक,
स्वागत बाहों में ऋतु नृप की।।

तपकती झुलसती ग्रीष्म निरस,
तन्वंगी विदीर्ण उर वाली।
मन विरल भाव लेकर आया,
दुखदायी दूभर तन वाली।।

दुख-व्यथा भरी निज कथा सुना,
आंसू मोती सम धार बहें।
निज जर्जरित श्वेत-पीत तन से,
भू आरत वदन मुस्कान कहे।।

रूखे उजडे भूभावों की,
कल्पना हृदय कुटिल झलकाती।
जीवन के विकल ग्रीष्म तम की,
कटु निशा देह दुख फैलाती।।

रसदार नीरस चर अचर दृश्य
सब रूखे कर जोरे आये।
रमनी के विकसित तन मन में,
ऊबन उखड़न मन रंग लाये।।

अलसायी निंदरायी अखियाँ,
मन कुंठित भाव् उर लिए सोयी।
मधुमस्त भ्रमरानी मधुवाला,
तीखी अकड़न में फंस रोयी।।

पल टले प्रकृति खिल खिला उठी,
आह्लादित आंसू टपक पड़े।
निज आनंद अश्रुमयी वर्षा से,
भूतन पर बहु रंग उमड़ पडे।।

लह लहा उठा चर-अचर जगत,
जड़ जंगम जड़ से विहंसि उठा।
छा गयी रम्यता चहुंदिशि में,
भूदृश्य सकल स्वमन पुलक उठा।।

कानन निज विटप लताओं से,
सुआभार प्रदर्शन करते हैं।
तन रंग विरंगे सुमन पहिन,
निज वदन मन अर्पित करते हैं।।

झरने झर-झर कल-कल स्वर से,
तन प्रेम धार बरसाते हैं।
मोती की निज हाथ माल लिए,
आनन्दित हो-हो हर्षाते हैं।

बहुरंगी भूधर किलक-किलक
तन शीश उठाये जाते हैं।
गर्वोन्नत मन पुलकित तन से,
जयकार लगाये जाते हैं।।

हरियाली पंजनि उझकि उझकि,
हो भाव विभोर मस्ताती हैं।
भीनी बयार में तन मटका,
मन भावन गायन करती हैं।।

कू-कू कोयल सहयोगिन बन
नव रंग तरानें गाती है।
तम तन वाली मधुरानी हर,
जीवन की तान सुनाती है।।

गहनों से लदी सजी पुलकित,
पग चाल-मराली चाल चली।
हुलसाती इठलाती तन से,
चांदनी प्रहर की ओर चली।।

चमकती मचलती इठलाती,
स्वागत हित शरद बयार बढ़ी।
अपलक लोचन में प्रेम भाव,
बदन मधुरसनिधि कर लिए मणी।।

विधु निज कुल संग हो अति प्रफुल्ल,
तन गौर भाव दिख लाता है।
उजला-उजला परिधान पहिन,
तरु शरद भाव में आता है।।

स्वच्छन्द सुखद तन मन सरस भाव,
शशि थाती निज संग में लाया।
तन शरद नव धवल आभा से,
अतिथि का हृदय पल बहलाया।।

रूख पुष्प विहंग अवनि नभ तक,
सब प्रकृति दृश्य स्वयं साजल्य हुए।
हृदयान्वित हृदयाभार सौंप,
कदम बढे मगर सिर झुके हुए।।

तन सिहर–सिहर सिसकियां मार
सीरी सांसो से ग्रसित हुआ।
झुलसियों झुर्रियों सिकुड़नो से,
तन पर जरारि का घात हुआ।।

सब बदल दिये मन के सपनें,
रमनी हेमंत से प्रीति भयी।
सुमन–पात समान कांप उठी,
लख दैन्य अवस्था दुखित हुयी।।

दांतों में कट–कट लहर चली,
तन आनन्द गंगा शिथिल हुई।
नख शिख तक श्वेत–पीत आंधी,
की जीवन में गति तेज हुई।।

सुख–दुख का समन्वय सतत संघ,
आते जाते सब संग संग।
यह दिवा–निशा या धूप छांह,
या पावन जोड़ी शशि पतंग।।

तन का बाजार हुआ शांत,
जीवन में निर्जन पवन आया।
तरुओं सुमनों पातों सम तन,
पीला–पीला सा दिखलाया।।

स्वागत में दूभर तन वाले,
उजड़े उजड़े से सिसक पड़े।
पलकों में लटकन तन सिकुडन,
मन क्षुधित भाव ले शांत खड़े।।

मुख तीखी हंसी बयार 'लिए',
पलक ठहरे न मग छोड़ चली।
मन शांत–क्लांत व्यथित भाव लिए,
हेमंत शिखर के पार 'चली'।।

मन मलिन मयंक भोर जैसा,
सीरी बाहें ले शिशिर खड़ा।
तन जकड़ लिया अहि बाहों से,
नित सावन मुखड़ा शांत पड़ा।

दसों द्वार–धार सब बन्द हुए,
पंचारि क्रूर मुख लखि के।
तन दशा भोर की सेज हुआ,
सत्य स्मरण हुआ दल दल फंस के।।

पातो सुमनों से हीन विटप,
अस्थियां मात्र ही तन लिए खड़े।
रूखा उजड़ा उजड़ा सा मन,
तन लगी आग से विकल खड़े।।

श्मसान उत्सव सरिस भूधर हो,
भूदृश्य सकल मन से मलिन हुए।
कानन तन सीरी लहर चली,
चर–अचर जीव सकल विच्छिन्न हुए।।

आगन्तुक ने आये घर में,
घर दशा विकलता सकल लखी।
तीखी टसकन से कुसुमित मन,
ने घृणित व्यथा की दशा चखी।

सुसंशय विस्मय में उलझ–उलझ,
सब जीवन सतरंग में खोया।
पग जीवन निरस व्यथा लख के,
मन ही मन फूट फूट रोया।।

तज सौख्य भाव बीते तनके,
सतनाम अमरस अमृत पीलो।
मोरनी आगमन शिशिर मीत,
कह निज कर से सत तन छूलो।।

डोली उठ गयी दिवापन की,
तन भाव भंगिमा बिखर गयी।
मिट गये शूल माया तन के,
हथकड़ी बेड़ियां टूट गयी।।

भूपरी तब जग नश्वरता लख,
निज पावन पुर-कुल को धायी।
शाश्वत अविनासी अजर अलख,
"जगराम" पुन्ज में बिलुप्त हुयी।।

◆◆◆

ज्योति-पर्व

दीवाली पावन परम उत्सव,
कार्तिक में आती इठलाती।
अज्ञान तिमिर वर विजयी भानु,
प्रकाश को चहुंदिशि फैलाती।।

नवजात बाल और युवा बृद्ध
सबके सब आश लगाते हैं।
आह्लादित मन से इस आगे,
निज प्रेम भाव उमड़ाते हैं।।

पल लगे उछल आ जाती है,
उर ज्ञान उजाला करने को,
आरती सजा सब नर नारी,
बालते दीप मन स्वागत को।।

गौ गोवर से निज अजिर मांज,
फिर पूजन थाल सजाते हैं।
लक्ष्मी गणेश की कर पूजा,
फिर उन पग निज सिर धरते हैं।।

एक ही दीपक की बाती से,
सारे तन दिया जलाते हैं।
एकता प्रीत का नव महामंत्र,
दीपक बनना सिखलाते है।।

दीपक के चिर उजियाले से,
कौन-कौन खिल जाते हैं।
वे ही सुख-दुख और जन्म मृत्यु,
का अमिट संदेश सुनाते हैं।।

परहित तन जला डालते हैं,
उपकारी काया के समान।
शिवि-दधीचि-गीध-जटायु सरिस,
हो दिखलाते हैं शत प्रमान।।

जलकर अनवरत निशा ग्रह में,
घर समरस रहना सिखलाते।
परहित में जीवन दे देना,
निज सुघड़ तन अर्पण बतलाते।।

अनवरत दीप मालायें सब,
पर को उजियाला देती है।
कंटकाकीर्ण अंधियारे को,
हंस-हंस आजीवन सहती है।।

जलते जलते जब थकती हैं,
अंत मौत गोद सो जाती हैं।
पर अंत काल तक मर मिट कर,
जग को सतपथ बतलाती हैं।।

लौ के समान हो भाव विमल,
परहित तन देनें वाले हो।
एकता प्रीति आनंद प्रगति के
पथ के ही तुम रखवाले हो।

फुलझड़ियों और पटाखों से,
पुलकित घर आगन द्वार हुए।
तज पूरब वैर भाव अपने,
एक-एक से मिलकर के एक हुए।।

आनंदित हो घर के मुखिया,
'निज' प्रेम प्रसाद बांटते है।
आंचल में खील बतासों की,
नित प्रीति मधुरता देते हैं।।

जन बैर से बदल आप,
आपस मिलि गले लिपटते है।
प्रति प्रेम वरस की खातिर सब,
उर प्रीति की ज्योति जगाते हैं।।

श्री नवनिधियों को संग लेकर,
जग घर-घर फेरा करती है।
चिर साधन सम्पन्न समृद्धता की,
निधियां घर-घर फैलाती है।।

पुर जनपद राज्य, देश, आंगन,
नव निधियों से भर जाता है।
इस पावन भूमि का सकल दृश्य,
चर-अचर सहित पुलकाता है।।

जिस ग्रह ग्रहणी का मान बढ़े,
श्री का पावन है ठौर वहीं।
कर प्रीति अटूट जगत से अब,
जग निरख मान का भानु सही।।

तन का रंग सारंग सा रंग हो,
हो दया दान के तैल तुम्हीं।
पर परोपकारी वदन हो,
यश प्रीति की पुन्ज ज्योति तुम्हीं।।

एकता डोरी में मिलि बंध कर,
दीपों का मान बढ़ाओ सब।
उजियाला घर-घर में होगा,
दीपक समान सब होवो अब।।

अब चाह राष्ट्र को है अपनी,
दीपक समान सब सुलग उठो।
मिट जाये अंधेरा घर-घर से,
अनवरत ज्योति सम चमक उठो।।

रोती भारत माँ शीश पटक,
सिसकता अब धर्म अनाथ बना।।
भोले भालो अब जागो तो,
बलि की दीवाली आज मना।।

तन चूस रहें जो रुज बनकर,
तन को है अब पट हीन किया।
हथकड़ी बेड़ियों से कसकर,
आजीवन कारावास दिया।।

धिक्कार सुयुवानी को ऐसी,
लज्जा उनकी है भीरुता पर।
दृग मुख कहर ढहाये जाते,
बेटों वाली माताओं पर।।

जबरन तन हथियाया जाता,
अपना कह गौरव लेते हैं।
पर थाती को निज की कहकर,
अपना अधिकार जताते हैं।।

अब कुछ लाज करो तो सपूत,
अपना धर्म राष्ट्र–जाति जानो।
सत्वर शैय्या को तजकर उठो,
अरि कुचाल को पहिचानो।।

लो शपथ दीप मालाओं से,
दृढ़ ज्योतिपर्व उर धर मन में।
असुर तिमिर नाश प्रीति पथ चढ़,
"जगराम" ज्योति बनकर जग में।।

◆◆◆

धरोहर

शस्यं श्यामला रत्न गर्भा माता,
तेरी तो महिमा न्यारी है।
अगणित बलिदानी बेटों की,
तू ही वत्सला महितारी है।।

दिनकर का तेज जहाँ पर है,
यश कीर्ति वहा तेरी फैली।
तेरी इस सुभग कीर्ति आगे,
लगती रवि की किरणें मैली।।

तेरी यश किरणों की रज से,
ब्रह्माण्ड सकल आलोकित है।
तेरी ही वत्सली साया में,
चर अचर सकल मन पुलकित है।।

डंका यश का सब भुवनों में,
तेरा ही निर्धुन्ध बज रहा है।
जय जय की ध्वनियों से तेरा,
घर-घर गुण गान हो रहा है।।

पलक पल परिवर्तित वेश प्रकृति,
कर तेरा गुण गायन करती।
अपनी सारी खुशियाली को,
नित भव्य आंगन में है भरती।।

तेरे गौरव की साया में,
कितनों की अमिट कहानी है।
चर-अचर सकल में भारत का,
इतिहास शाश्वत निशानी है।

पर्वत पठार हिमज गह्वर सभी,
दर्रो का भी सहयोग रहा।
तेरी ही खुशियों की खातिर,
तम पुंज युगल में योग रहा।।

त्रेता में रामचंद्र जी का,
सबनें भरपूर सहाय किया।
सागर पर भी नव सेतु बांध,
रघुवर को विजयी राग दिया।।

असंख्य रणवीरों को आश्रय,
दे, गोदी में निज शरण दिया।
परिजनों के घर की रक्षा में,
अरि आगे निज तन वार दिया।।

नदियों झीलों सागर ने भी,
तेरा ही मन से गुण गाया।
तेरे सुख दुख में साथ रहीं,
जैसा मन के तन को भाया।।

कानन नें कानों तक आकर,
तेरे गौरव को चूमा है।
नगपति से भी ऊँची जग में,
अस्मिता ले नभ में घूमा है।।

तेरी खुशियों में कानन भी,
नख शिख पागल बन नाच रहे।
तड़-तड़ स्वर करतलियों में ले,
मोहनी मृदंग हैं बजा रहे।।

दुश्मन का वार बचानें हित,
तृण तृण मिलि व्यूह बना लेते।
तेरे खतिर निज सीनें में,
अरि का असह्य बज्र झेल लेते।।

जब देखें घोर कहर तुझ पर,
तन-पात-डाल रो पड़ते हैं।
विरही सम तन पट फेंक सकल
हो विकल वियोग झेलते हैं।

सूरज चंदा भी निशि वासर,
सुख दुख के अभिनय में शामिल।
वैभव में होते आनंदित,
करुणा में तन करते धूमिल।।

नभ में असंख्य तारा समूह,
कुसुमित मन सुमन खिलाते हैं।
तेरा वैभव माँ अटल रहे,
निज कुल संग रटन लगाते हैं।।

उमड घुमड घन व्योम मंडल में,
करते है शंखनाद भेरी।
चिर विजयी रागमयी कीरत,
सतत अजिर धर भरते तेरी।।

तन अमल धवल की शुचि गरिमा,
की कीरत गाया करते सब।
करते न्योछावर तन-मन धन,
साष्टांग प्रणाम मेलते सब।।

तेरी जैसी पावन धरणी,
विधिना नें नहीं बनायी है।
जीवन की फुल बगिया न्यारी,
भुवनों में नहीं खिलायी है।।

कल-कल सरिता की नव लहरें।
सुर लोक रम्यता हरती हैं।
पीयूष कलश ले निज कर में,
विकसित मन कुंज सींचती हैं।।

आरोग्य सदन बन विपिन नाथ,
धनवंतरि को भी लजाते हैं।
तेरी श्वांसों की आहों में,
मधु सोम कुंभ रख जाते है।।

गिरिवर निज नख पर उझकि–उझकि,
अजर–यश ध्वजा फहराते हैं।
स्निग्ध–शांत–शीतल तन मन से,
सिर–तान गान सब करते हैं।।

निज मातृभूमि खातिर पंचरथ,
नें सतत लुटाया जड़ संगम।
चरणों में नवनिधि भेंट चढ़ा,
उत्सर्ग भाव मन में कर संगम।।

खग–मृग तनु कीट सकल जीवन,
निज घर पर रखते अधिक मोह।
हो दूर नीड तज परकीया,
पल–पल मन रटते जन्म खोह।।

विहग उड़ जाये अलख सुदूर,
भरनें निज उदर विदेशों में।
संध्या नियरानें पर लौटें,
तज सकल मोह निज नीड़ों में।।

कोई भी नहीं भुला देते,
निज मातृभूमि की अमर कथा।
सभी सुर–नर–किन्नर जड़ चेतन,
इस हित रखते मन प्रेम व्यथा।।

इसके हितार्थ मैत्री करुणा,
मुदिता के रखते भाव सदा।
नित घाम छांह बदली–उजली,
की तपन सहें तन सकल सदा।।

वीर शिवा ने मातृभूमि हित,
हर पल जीवन का भेंट किया।
होंसले अरि के दमन किये,
रणनीति नई कर मिटा दिया।।

मन रखते सदा ही भाव एक,
सदा रहे विजित मम धर्म क्षेत्र।
भारत माँ की सेवा के व्रत,
को ही बनाया निज कर्म क्षेत्र।।

मिट गया दुलारा निज माँ का,
निडर–अडिग–स्वाभिमान वाला।
जीवन की अन्तिम घड़ियों तक,
भारत नंदन वन को पाला।।

व्रत रखा अटल स्वतंत्रता का,
इस अमरपूत ने निज प्रण में।
सोया जननी की गोदी में,
अरि–वार अनेक झेल उर में।।

मर गया शिवाजी परवाना,
पर त्याग समर्पण का जन्म दिया।
माँ की सेवा का व्रत रख के,
जीना पीयूषी मंत्र दिया।।

शिवा सारंग–सारंग असंख्य,
भारत माँ ने हैं उपजाये।
गाथायें अद्य अनंत ऐसी,
इतिहास सकल नित बतलाये।।

विक्रमादित्य ने निज बाहों वल,
धर्मी–पौरुष सरताज गढ़ा।
ऊपर अधर्म पर विजय धर्म–ध्वज,
लेकर नीलांबर ओर बढ़ा।।

उदयाचल से अस्ताचल तक,
चिर श्वेत कीर्तिदिक् फैलायी।
तपदान, धर्म, नीति, सत्य, बल वल,
आगे नीर दृर्ग हैं शमायी।।

वारिधि से वारिधि तक अशोक,
ने सब महि अशोक मय कर दी।
हित मातृभूमि निज कर असि ले,
दुश्मन के उर शोक निधि भर दी।।

तलवार वल राष्ट्र अखण्ड किया,
तब दुश्मन को नीड़ हीन किया।
बनकर सपूत नगपति समान,
माता को अटल सुहाग दिया।।

प्रवर स्कन्ध-समुद्र भट चंद्रगुप्त,
ने माल उर हेम पुष्प डाली।
अपनें ही अडिग पराक्रम से,
महकायी इसकी हर डाली।।

हंसते हंसते गोविन्दसिंह,
ने चारो सुत की आहुति दी।
अपनें पौरुष की हर आहें,
आर्य खण्ड चरणों अर्पित की।।

ऐसी यह पावनी पुण्य भूमि,
जिस पर सपूतों ने जन्म लिया।
कर दुश्मन का सारा अहं नष्ट,
सनातनी दीप प्रज्ज्वलित किया।।

भारत के किंकिनि आंचल में,
मेवाड़ सिसक आहें भरता।
जगमल के अत्याचारों से
वे-तन में वाड़ सिसक रोता।।

राणा वंशज की धवल छटा,
करता धूमिल अज अघ विषाक्त।
स्वकुल-राष्ट्र धर्म-द्रोही कपूत,
वारुणी पर हो गया आसक्त।

मदवाला, मतवाला, जगमल,
सारे जग का रेतीला मल।
मधुरस की उन्मत्त बयारो में,
फिरता हरपल-पल बन पागल।।

खोया रहता निज जीवन में,
विस्मृति कर निजराष्ट्र धर्म जीवन।
वारुणी की सुभग लहरों में,
लहराता नित-नित सुवन सुमन।।

आहें भरती नित राष्ट्र प्रजा,
तन मन से अर्पित हो होकर।
जीवन जीती है हर पल-पल,
गर्दभ बन दूभर भार ढोकर।।

भारत के कोमल वक्षस्थल पर,
अरि ने टटोह कर पग रोपे।
अगणित अमोघ सैन्य दल बल,
मेवाड़ वार पग-पग थोपे।

जगमल मृदुल कलियों की स्वर्णिम्,
महकों में होता अति वेसुधि।
निज परिवेश राष्ट्र सुस्वामि धर्म,
की मन से खो देता सुधि बुधि।।

नित अरि के असह्य प्रहारों से,
सारा जनमंडल अकुला उठा।
होते बलिदान राष्ट्र खातिर,
अपना तज जीवनपन मीठा।।

जननी भगिनी साध्वी नारी,
अपने शुचि अंग गंवाती हैं।
परन्तु एक बूंद भी अश्रु धार,
दृग बाहर नहीं बहाती है।।

फिर भी न चेतता वह अचेत,
नृप विलासिता जीवन जीता।
भली प्रजा की अवहेलन कर,
मृदु मधुनित निशि वासर पीता।।

एक सपूत की साध्वी भामा,
थी प्रजावती मेवाड़ मृगी।
जब विजय मरा अरिवारों से,
तब राष्ट्र भक्ति उस हृदय जागी।।

दिनकर शासन से अनबन हो,
खोहों में रहती छिपी छिपी।
निशिपति से कर उर प्रीति अटल,
मिलती वसंत बन पुती लिपी।।

रजनी सिंहिनि बनके राष्ट्र भक्ति,
गीतों की सुमधुर लय गाती।
कण तृण मन-पग-डग पर अपना,
मधु अमर गान लिखती फिरती।।

संदेश क्रांति का दे देकर,
जन-जन के मन को उकसाती।
रजनी की निस्तब्ध वीथियों में,
पग-धर मृगनी बन इठलाती।।

दीपक वाती के कलरव की,
जब आवाज श्रवण रन्ध्र आयी।
वारुणीश उठा पंकासन पर,
सोचा पुकार रण की आयी।।

डरपोक भीरु कायर जगमल,
हो क्षुब्ध भाव मन पूंछ उठा।
प्रहरी रणबीज बो रहा जो,
वह करता मेरा घर झूठा।।

कर बांध चापलूस प्रहरी,
बोला, है प्रजावती राजन।
विक्षिप्ता–अनाथिनी है विधवा,
फिरती वन बिन साजन आंगन।।

जाकर उसका प्राणांत करो,
वह तो युद्धबीज बो रही है।
जब कि जग–प्रजा सारी अपनी,
सुरा की धुनि में सो रही है।।

संदेश वाहिका कृष्ण को भक्तों,
वाली का अति अपमान किया।
जगमल–सरदारों ने बधकर,
तरुवर शाखा में टांग दिया।।

ऊषा की रंजित किरणों नें,
जब तमपति का सर्वनाश किया।
पार्थिव मृत–तन मृगनी का लख,
जन–जन ने मन में रोष किया।।

कूचों गलियों में करुण ध्वनि,
जन गण–मन उर से फूट पड़ी।
मानों शिकार पर वन विलाव,
बन जन शक्तिसारी टूट पड़ी।।

जन नायक चन्दावत बन मिलि,
जुत्थ–जुत्थ जगमल ढिंग आया।
सिरताज मातृ वाला लेकर,
दिनकर प्रताप सिर बंधवाया।।

पुत गयी कालिमा जगमल मुख,
उन्मुक्त बहारें सभी लुप्त हुई।
आवक जावक सकल मलिन हुए,
उर भाव भंगिमा सिमट गई।।

कुछ पल पूर्व मेवाड़ में थी,
मधु रस की सरिता सतवाही।
अब बीथिन मृदुल झरोखों में,
रेती जाती असि धार सही।।

पल भर में बदला सकल वेश,
मुकुट प्रताप के शीश रख के।
निडर सुत वह उदय सिंह वाला,
फुंकार टिका घुटनों झुकके।।

रख दिया शीश भारत माँ के
चरणों में प्रणाम करने को।
दो अभय दान भारत माता,
तन मन न्योछावर करने को।।

वृन्द-वृन्द मिलि सारे पुरवासी,
खुशियो के रंग-राग गाये।
विस्मृति का हृदय टसकन कसकन,
घृत दीप द्वार-घर मिलकाये।।

उत्सव आयोजन सुनियत हुआ,
वनराज शिकार प्रात होना।
खलभली मच गई कायर उर,
सांचे उभरे, चमका सोना।।

केसरिया चीर पहिन ऊषा,
आयी तन सिमटी बलखायी।
किलकत दतियों के तेज पुन्ज,
बल चेतनता दृग फैलायी।।

अंगडाई ली मन त्रिचरों ने,
तन कष्ट गहन तिमिर पुर आई।
पैने मुखास्त्र कर में संवार
लक्ष्य हित उछाह कानन जाई।।

दृग उरझा वन सूकर प्रताप,
साध लक्ष्य वार धर वार किया।
उसको ही मन धर सानुज शक्त,
नें घातक उर संधान किया।।

दो शूरों का तो था लक्ष्य एक,
नियराये दोनों सूकर ढिंग।
अपना-अपना करके उलझे,
महासमर सकल में बन भुजंग।।

जैसे-तैसे वे शांत हुए,
सब दोष शक्ति के सिर डाला।
वतन निकासी कर प्रताप नें,
अनुज शक्ति प्रवर एक माँ वाला।।

वेचारे भाई हो ऐसा,
सिर आज्ञा धर-घर छोड़ दिया।
बन गया भिखारी दर दर का,
अरि द्वारे शीश झुका नाया।।

बन गया अतिथि रिपुवर घर का,
सब भेद राष्ट्र का बतलाया।
मेवाड लक्ष्य करके नयन बंद,
मेवाड़ राष्ट्रहित ललचाया।।

अंबर नरेश को दूत बना,
राणा ढिंग भेजा संधि हित।
निज कुल-राष्ट्र-धर्म-जाति द्रोही,
मान आया ले भाव उर जित।।

रजनी चर आया दिनकर घर,
आने की आहट घर छायी।
नृप को न देखनें की सबके,
मन में मलिनता उभर आयी।।

पहुँचा मान अभिमान द्वार,
मिलनें की हृदय ले उत्कंठा।
जब राणा दर अपमान मिला,
तब जागी प्रतिशोधी-कुंठा।।

मेवाड़ वीर नें निजपन की,
सुरक्षा निज स्वाभिमान से की।
अम्बर नरेश की सुखातिरी,
अपनें अभिमान मान से की।।

वापस होगया क्रुद्ध मानसिंह,
अपना अपमानी मुंह लेकर।
अब मान तभी चुप बैठेगा,
अपना बदला तुम से लेकर।।

आखिर मै तो हूँ कुल द्रोही,
कायर-कपूत भारत माँ का
देख लो अब दुःशासन बनकर,
खीचूंगा पट भारत माँ का।।

इतना कह वह इन्द्रप्रस्थ आया,
तब अकबर से सब कहा हाल।
मेरा अपमान किया उसनें,
उर डाली कटु अपमान माल।।

सम्राट गुरु सल्तनत वाले के,
नयनों में तेज मसाल जली।
दिनकर को शीघ्र छिपानें की,
मन में दामिनि किरणें मचलीं।।

शहजादे सलीम शक्ति सिंह संग,
अगणित सेना से कूच किया।
हल्दी घाटी के वक्षस्थल ऊपर,
परकीयी डेरा डाल दिया।।

मच गई रैल मेवाड़ 'गैल',
घर-घर तलवारें चमक उठी।
मेवाड़ी वीर नारियाँ भी,
रण में जानें को मचल उठी।।

भेरी बज गयी समर वाली,
सेना प्रताप की हुई सजग।
अपनें मायातुर बंधन तज,
सब निज घर से हो गये विलग।।

पहुंची टोली रणभूमि में,
निशि में पतंग तब उदित हुआ।
बैठा प्रताप चेतक ऊपर,
बढता आये मन मुदित हुआ।।

जुर गये सामनें दोनों दल,
दोनों नायक मन हुलस उठे।
भिड़ गये शेर की भांति वीर,
तब अरिदल के पग कांप उठे।।

देखा चेतक पर राणा को,
तब अनुज शक्ति सिंह विश्रांत हुआ।
मन ही मन कोसा अपनें को,
रख खड्ग म्यान बल हीन हुआ।।

तन्वंगी कृशमन वाला भाई,
भाई की सुधि में डूब गया।
हो धन्य धन्य भइया प्रताप तुम,
ऐसा कह पलक पल शर्माया।।

खिंच गई कटारें रण में तब,
मारो मारो ध्वनि छायी।
तनु नील गगन भगवामय बन,
धरणी लाशों से पट आयी।।

दृढ़ स्वामिभक्त, देश भक्त वाले,
चेतक की चाल निराली थी।
मन के समान थी वेग प्रवल,
धुन ऐसी उर में पाली थी।।

दिखनें में लगता महाकाल,
चलनें में लगता महाप्रलय।
दुश्मन के सन्मुख में यमनागर,
था नील अंबर में रक्तालय।।

राणा के पलक सैन से ही,
चेतक उस दिशि बढ़ जाता था।
छल-कपट-प्रखर चंचलता से,
राणा का जीवन रखता था।।

छलनी नस-नस तन निरखि-निरखि,
चेतक समर अश्रु बहाता था।
स्वामी तन की निरख रक्त धार,
व्यथित मन विह्वल अकुलाता था।

मन में छाया आक्रोश विकट,
तब रण में ताण्डव कृत्य किया।
कुचल दिये सहस्त्रों टापों से,
कुछ का मुख से प्राणांत किया।।

राणा की असि थी चमक रही,
जैसे घन में दामिनि दमके।
भाले की नोक की झोंक से,
द्रोही दल सबके सब डरपे।।

देश भक्त मृगेन्द्र तन ऊपर,
घावों की लड़ी-लड़ी छाई।
स्वाभिमानी, अभिमानी तुरग,
ले राणा नृप ढिंग नियराई।।

ऐ! कायर मान सिंह गीदड़,
अब मान भुला दूंगा तेरा।
राणा के मरनें से पहले,
महि गान लुटा दूंगा तेरा।।

एक तरफ सपूत सिंह सा बल,
राणा प्रताप सा वर योद्धा।
उस ओर साकार कलंक वान,
लडने आया बन रिपु योद्धा।

चेतक ने समर चौकड़ी भर,
टापों से अरिदल मथ डाला।
मानो सिंधु को देवों-असुरों,
के समर से पड़ गया पाला।।

आ गया उफान लहू में भी,
चीर रक्त फेन ऊपर छाया।
सारंग सारंग से रक्त वर्ण,
रणनिधि में जीवन चमकाया।।

समर ओझल सलीम-मान हुए,
दृग उरझे रण में राणा के।
फंस गया सिंह गीदड़ दल में,
तन घाव जगे शत भालों के।।

अरमान मिटे भारत माँ के,
शिव जटा सुरसरि फंसि करके।
हो गये तब अगम पंथ सारे,
मुख आहें भारत की रख के।।

बन गया मरुस्थल स्वजीवन का,
वह प्रबल धार बल हीन हुई।
सारी तन शक्ति पल भर में ही,
सोने को ही लाचार हुई।।

प्रवर कांति कंत कुशल निर्भीक,
चंदावत मन चिंता व्यापी।
ले जान हथेली कर न सोच,
ले ताज शीश पर धर व्यापी।।

चंदावत राणा बन करके,
रण में विद्युत बन कौंध पड़ा।
समर से दूर कर राणा को,
अरि की छाती पर टूट पड़ा।।

हो गयी उजार मेवाड़ महि,
खिले अधिखुले सुमन मुर्झाये।
धूमिल हो गये साकार स्वप्न,
अरि क्रूर मेवाड़ पर छाये।।

जर्जर तन से निर्झरणी धारा,
शोणित की तब अनवरत बही।
चेतक की टकटकी अश्रु-धार,
राणा! कायर! कायर कहती।।

शक्ति प्रताप वदन आसक्त हुआ,
यमदूत अग्रज पीछे लख के।
जग गया अनुज का भातृ प्रेम,
चल पड़ा सुहृद दल को तज के।।

चुप-चुप-चुपकी साधे-साधे,
मग डग धरता आधे-आधे।
जा पहुंचा पीछे भैया के,
बन भरत सकल गिरि वन लाँघे।।

चेतक ने ज्यों छलांग मारी,
नाले के तो उस पार गिरा।
हो गया बलिदान महि गिरते,
राणा दृग आगे काल घिरा।।

भिंच गई पुतलियां अलसाकर,
उर में भारी आघात लगा।
गाढ़े में एक जीवन साथी,
कायर प्रताप से दूर भगा।।

रो पड़ा प्रताप धैर्य तजकर,
अम्बर अवनी वर जुरि आया।
चेतक चेतक कह बार–बार,
बन निशिपति तुहिन अश्रु लाया।।

हे जीवन साथी अमर रहो,
तुमनें उपकार किया भारी।
हे अडिग सखे तुम अमर हो,
पाली मेवाड़ी फुलवारी।।

तुम सखा हमारे बचपन के,
मैं ऋणी तुम्हारे कृत्यों का।
तुम जननी सम लाड़ दिया,
पहनाया हार प्रभुत्वों का।।

कहनें को थे तुम मूक सदा,
पर भावों से थे अनुरागी।
समर में मेरी जर्जर गति लख,
रिपु विनाश हित भड़की की आगी।।

कर दिया अनाथ मुझे तुमनें,
बादल दुख के सिर मंडराये।
अति विकराल ज्वालमयी भुजंग,
रिपु काल गाल बन पग आये।।

अवनी रोती आहें भर-भर,
तेरी सुधियों में बन पागल।
ममता ला पथ के बदले में,
आंचल से रही थी रक्त उगल।।

पोखर-सरिता-पर्वत-वन विहग,
सब हेर रहे हैं बार-बार।
आ गई घडियां परीक्षा की,
रण में पौरुष दिखला अपार।।

दिनकर अम्बर में ताक रहा,
उन्मुक्त भाव निज मन में लाकर।
सिहरन रसकन, सावित उदास,
कोई अनमोल रतन खोकर।।

सत्य साकार कृतार्थ स्वरूप,
तुमनें मेरे हित जन्म लिया।
हो गये उऋण प्रियवर हम से,
जाओ अटल शीश थाम लिया।।

इस प्रेमालाप प्रहर में ही,
आवाज तीर की सी आई।
वाह रे मेवाड़ सिंह भागा,
पर मौत दौड़ पीछे आई।।

तानी कटार अभागों नें,
मेवाड़ी थके मृगराज पर।
पर चमक सका न गगन दिनकर,
जीवन की कृश संध्या पाकर।।

कंप गई दसों दिशायें भी,
अम्बर मुख मंडल लाल हुआ।
द्रोपदी की दशा निरख-निरख,
बैठा पाण्डव कुल काल हुआ।।

घिर आये नभ में श्याम मेघ,
दामिनि असि अरि पीछे चमकी।
रे सावधान! गीदड़ यवनों,
आयी मृगेन्द्र गर्जन धमकी।।

पल झपकि सिर धड़ से अलग हुए,
अरि मुगल तुरंत यम धाम गए।
असि फेंक भ्रात पग निज सिर धर,
झुक काले नयन नीर लाये।।

सन्मुख देखा जब भाई को,
तब करुण चीख में चीख उठा।
अब शांत करो प्रतिशोध अनल,
कह जीनें की तजकर उत्कंठा।।

मेरे खतिर ही आज अनुज,
तुम बनें भिखारी दर-दर के।
अपना जीवन कर पराधीन,
तुम दास बने रिपुवर घर के।।

टेका माथा चरणों में तब,
नयनों से झरने फूट पड़े।
भइया-भइया कर क्षमा मुझे,
हम कलि कपूत तुम पूत बड़े।।

अम्बर धरणी मिल रहे गले,
सारे मन के विषाद खोकर।
प्रतिशोधी अग्नि को शांत किया,
नयनों के जल से धोधोकर।।

बोला प्रताप सुनो शक्ति तात,
तुमनें मेरे हित दुख झेले।
जीवन की हर खुशियाँ तजकर,
देखे जीवन के कटु मेले।।

तुम धीरवीर हम भीरुवीर,
दोनों ने ही संग जन्म लिया।
अपनें ही निष्कलंक भाई को,
पर घर रहने को बाध्य किया।।

पापी कुल द्रोही कुल कलंक,
तेरा प्रताप है अनुज तात।
उसको अपना ही मान आज,
दस द्वारों से कर विमुक्त भ्रात।।

अश्रु पूरित नव मुख मण्डल तब,
नभ में दामिनि सम किलक उठा।
अनमोल भाव की नगरी के,
सारे दरबाजे खोल उठा।।

भइया है समय न मिलने का,
यह समय है अब छिप जाने का।
होकर सवार मेरे हय पर,
अब करो कष्ट तात! जाने का।।

शशि बिना चांदनी एक पल भी,
अपना जीवन न काट सकती।
बिना शक्ति प्रताप नहीं जीवन,
जननी उर की क्या गति होती।।

आखिर भाई की बात मान,
मेवाड़ वीर नें गमन किया।
खोहों गह्वर–कन्दराओं में,
पलनें को जीवन सौंप दिया।।

राणा के जीवन स्वागत में,
सारा वन–मण्डल बैठा था।
अपलक नीरज हीन दृगों से,
एक टक वसंत बन ऐंठा था।।

कानन आंचल में आश्रय ले,
उन लय होकर के अतिथि हुआ।
छा गई दिवाली कानन घर,
दिनकर रजनी घर उदित हुआ।।

मेवाड़ भूप राणा कुल संग,
गिरि अरावली में वास किया।
जीवन की स्वर्णिम स्वांसों की,
आहों का पल पी पार किया।।

राणा प्रताप हितार्थ शक्ति सिंह,
ने कांटों में तन उलझाया।
बन 'भरत' राज तज भाई हित,
वनवासी बनना मन भाया।।

हो गए तितर-वितर सभी जन,
चांदनी मुख पर स्याह आयी।
स्वाधीन ताज के शुभ्र मुख पर,
काली अधीनता भी छायी।।

चकवा-चकवी बन तड़प रहे,
दोनों प्रेमी बन आपस में।
मन भोर लिये सुधि मिलने की,
वैधव्य वियोग ले पावस में।।

वह पावस नहीं वरुण वाला,
जो नीलांबर मे है छाया।
यह उदित अस्त कमलिनी सुजान,
का रक्तांबर भूपर आया।।

रणधीर वीर सब लिपे पुते,
बन अगणित दिनकर प्रखर मान।
हो गये पंकज दल भौचक्के,
क्या स्वामी घर मेरे वितान।।

बन कंत सकल का भट शक्ति सिंह,
सजनीं आंचल में विलय हुआ।
दुश्मन की कोटि सौगात भली,
सुन व्यथत कथा बेचैन हुआ।।

पतझड़ मे छायी नव बहार,
कण-कण पल प्रतिपल हुलसाया।
कानन आनन से सातों स्वर,
वाली रागिनी संग लाया।।

उन्नत मस्तक कर बन कर बेह्या,
गिरि काया ठुमकी ले नाचा।
निरख पलक कंत की विह्वल मन,
विस्मृति होकर तरुमन त्रिवाचा।।

उर आह्लादित अश्रुवारि धार,
सरिता बन उर बाहर आई।
निर्झर के सतत प्रवाह के बल,
शाश्वत करुणा दृग झलकाई।।

मृगेन्द्र मृग छौने मांस शाक,
वाले सब के सब उमड़ पड़े।
मानस पंकज बन भोर बाले,
पहले देदूं पर झगड़ पड़े।।

आखिर समर सिंह प्रताप को,
निज कुल आंचल में छिपा लिया।
दासता में जीना ही नहीं,
ऐसा जिसने स्वीकार किया।।

संगस्वर मिलाकर उमड़ घुमड,
धमगीत कीर्ति वाला गाया।
अपनें जीवन के रग-रग में,
बैचैनी पन को बिखराया।।

एक एक कर नभ के असंख्य सूर्य,
स्वाधीनता हित बलिदान हुए।
ढल रही अरुणिमा पतंग की,
अवनि-जलद सब उदासीन हुए।।

लोहित हो चला गगन मन से,
धरणी आंचल भर पय लायी।
मन के अगूढ़ भावों की लय,
सबके ही मन में घिर आयी।।

चिंग्घाड़ उठा गज वारि-निधि में,
जब ग्राह ने पकड़ मुख खींचा।
तब तार मिलाया तारों से,
अघ मार भक्त गज कण्ठ सींचा।।

दासता बनी ग्राह नीर की,
स्वाधीन भाव गजराज बना।
भारत माता बन पुन्ज तंतु,
जीवन गज का सरताज बना।।

तन टीस खड़ी चौंधिया रही,
दिनकर के अटल दीप्ति आगे।
खोई सुधियां वेसुध होकर,
सावन सन्मुख ज्यों अनुरागे।।

समर में जीते ज्यों देवदत्त,
जीवन का हर पल पी पीकर।
स्वाधीन रहे मन चिर उछाह्
पल आहों से पाला जीकर।।

झांके नयन अश्रु धार फाड़,
बन तुहिन बिन्दु पुनिः पुनिः लजाये।
उस आगे उनकी चले न एक,
बीते बाहर मिलजुल आये।।

ये कायरता के चिन्ह नहीं,
या कुल विनाश का शोक नहीं।
शोक व्याप्त हित स्वाधीन रहे,
अपनी यह पावन श्रेष्ठ मही।।

घट मौत खड़ी संध्या समान,
मधु-वाला बन मधु-कलश लिए।
मनघूर रही शशिमय छवि पर,
निज कर मे जीवन पांस लिए।।

आहों की सुन करके पुकार,
आया समीप अनुज वीर शक्ति।
रणकुशल धीर जननी सपूत,
आया सन्मुख बनकर विमुक्ति।।

देखा प्रताप दृग फाड अनुज,
चाहा हिया लिपटाऊं भ्रात।
अनुज से कर लूं प्रेमालाप,
पहले आने से अतृप्त रात।।

अधीर भाईपन मचल उठा,
बोला अपनें कर युगल बांध।
नगपति न कभी उठता भइया,
न कभी लांघता तुच्छ लांघ।।

इतना कह चरणों लिपट गया,
अपलक नयन अश्रु धार लाये।
भइया कर दो तुम क्षमा मुझे,
कर शोक-शोक में मुर्झाये।।

मुर्झायी कलियां उपवन की,
तन्वंगी काया हुई नग्न।
साकार भानु पा लेने से,
सुमनों योग से हो गयी मग्न।।

क्षण मात्र मेघ वाला प्रखण्ड,
मुख पर ही आने वाला था।
यह थाती है कर में तेरे,
जिसका मैं नित रखवाला था।

अचर-चर जुत्थ-जुत्थ निकट आया,
हिया में परिजन हित शोक लिए।
कमलिनी बल्लभ के बिछुडन से,
हृदय कण्ठ अवरुद्ध वियोग लिए।।

जय भारत जय जननी शब्द से,
अलख तेज पुन्ज प्रस्थान गया।
भोर के नक्षत्र बन विश्रान्त हुए,
जीवन का दिवावसान हुआ।।

मच गई खल भली नस-नस में,
शोकाग्नि से सभी झुलसाये।
मेवाड़ सूर्य के छिपने से,
कुल पंकज तनसे कम्हिलाये।।

हो गई निराश्रित मातृभमि,
अपनें उर का अखण्ड बल तज।
बन गई द्रोपदी अरि कर की,
फंस पर कर भारी मन अचरज।।

पतझड़ छाया कानन घर में,
गिरि-सरितायें मन क्षुधित हुई।
जल गये विरह में तृण तृणसे,
रग-रग में दाहक उदित हुई।।

आजादी की बलि वेदी पर।,
राणा नें सब कुछ होम किया।
निज-तन-परिजन-पुरजन को दे,
भारत माँ को आश्वस्त किया।।

आजादी कैसी होती है,
वनवासी राणा से पूछो।
उसका कितना सच मोल भला,
राणा के घावो से पूछो।।

अब के लोलुप स्वार्थी नायक,
क्या सही कीमत बता सकते।
निज खाली झोली भरने का,
ही सही मंत्र सिखला सकते।।

धज्जियाँ उड़ाई झोली की,
राणा परिवेश पहिन नायक।
स्वयं कर से लाज लूट करके,
बनाया माँ को मनोरंजक।।

वनचरो, गिरिवरो, पुहुपघरो,
तुम सबकी अमिट कहानी है।
तुम सब सहभागी बने तात,
इतिहास अमिट बलिदानी है।।

जब थका सिंह पाया मांद में,
एक झलकी में परिजन माना।
रख लिया गोद में मिल सबने,
अपनें ही धड़ का सिर जाना।।

मेखलाकार चहुं प्रहरी बन,
निज पथ में पग-पग व्यथित हुये।
उठ गयी अमा की दीवाली,
शोकाग्नि दीप मन उल्कायें।।

योग वियोग में भारत माँ,
धीरज संवल तज बिलख पड़ी।
रो-रो, लाल-लाल हितकारी,
के हित शुभ-वाणी निकल पड़ी।।

अहो अखण्ड मेखला कृतियो,
तुमनें उपकार किया भारी।
सुत कभी न मुक्त होवे ऋण से,
जीवन भर सहती महतारी।।

गाढ़े में तुमनें तुहिन बिन्दु,
बन आंसू खूब बहाये थे।
दुख देख अतिथि के निज घर में,
तन पल्लव मोती झराये थे।।

पागल प्रेमी की तरह तात,
प्यासी कोकिल बन कुहुक उठे।
हा-हा-कर रोये रघुवर बन,
निज सिया दुख में अकुला उठे।।

इतिहास सदा गाये तेरी,
आंचल की उपकारी गाथा।
जननी आजीवन अभय रहे,
तेरी गायें सब हरष कथा।।

आशीष बचन मेरा तुमको,
हर पल बहार बन मुस्कराओ।
मैत्रि, करुणा, मुदिता उपेक्षा,
की भाव छटा उर में लाओ।।

बरसायी अनल सकल तुमने,
अनल का प्रचण्ड बाना धर के,
मुख की काली वदली काटी,
सावन भादौं की नटि बनके।।

चरण झुका निज माथ तुम्हारे,
सावन की पावन छवि घर में।
है कृतज्ञ आज हिम सुहृदवरो,
आश्रय दे थाम सुमन कर में।।

गिरिवरो रहो तो तुम अमर सदा,
तेरा गौरव भी अडिग रहे।
कज्जल वदन नीलाम्बर छूलो,
तेरा यह कृत्य भी अमिट रहे।।

ऊँचे मस्तक गर्वीले स्वर में,
हर पल जय की गाथा गाना।
आगंतुक के श्रवण सरन्ध्रों तक,
कीर्ति की झड़ी नित बरसाना।।

तुम प्रहरी अजिर मातृभू के,
तुमनें ही पय की लाज रखी।
अनजानों हित तुम जाने बन,
क्यों नयन अम्बुज से व्यथा लखी।।

हे शांति वाहिनी तुमनें भी
विह्वल हो उर वज्राघात लिया।
कल-कल की भीनी आहों बल,
बन ग्रीष्म विरल प्राणांत किया।।

दुख झेले हृदय शिलायें रख,
रोयी विलखाकर टकराकर।
जीवन हो प्रेममयी धारा,
अपनों को सींचो डकराकर।।

बन गए अनल तुम सुमन घरो,
आहों से ज्वाला फूट पड़ी।
तन सोच शोक में किया सकल,
करुण पुकार मुंह निकल पड़ी।।

परहित में खोई सुख निधियां,
दुखनिधि के उर में डाल माल।
जल गये हुतासन में सारे,
जीवन की तज रागिनी ताल।।

आजीवन भर यह त्याग कथा,
सुमनों बांचो नित हो मुक्त कंठ।
सत हरित भरित हो नंदन वन,
हो दयार्द्रयुक्त सजल शुष्क कंठ।।

कलकलो सतत कलकल करके,
यह धवल व्यथा रटना रटना।
मैत्री का हृदय भाव लेकर,
सुमन डगर भर में बरसाना।।

रुकना न कभी बहना हर पल,
झर-झर की ध्वनि कर बार-बार।
अटल क्रांति दूत बनकर तुम,
सबको जगाना जा जा द्वार।।

मत विलग भाव लाना मन में,
आखिर हम भाई घर के हैं।
धर्म-राष्ट्र-जाति की सुरक्षा के,
लक्ष्य तो एक सभी जनों के हैं।।

बंट रहा आपस में भाई,
विद्वेष भाव लाकर मन में।
आपस में मर मिट जानें की,
ले खड़ा खड्ग अपनें कर में।।

परखो अमूक अचरों के स्वर,
कितना सौहार्द्र दिखाया था।
दुर्दिन में दूर न कभी घर से,
सुख दुख संग रहना भाया था।।

वन के सारंग सा-रंग बनके,
बन तुहिन वलय वन-वन रोये।
सारंगी रंग सकल तन तज,
विरही बन वीथिन तम धोये।।

आदिम परिवेश पहिन डोले,
तृण काया कल की फांसी है।
जानें पहिचानें गीत बनो,
ज्यों मीन नीर की दासी है।।

सत्य अहिंसा के अटल पुजारी,
सब रहो जभी तक काम रहे।
हो कृत्य जहाँ हिंसा के वल,
जो भाये करो सम्मान रहे।।

लुट रही द्रोपदी हो आगे,
पीछे अस्त्रो का क्या होगा?
मत बनो पुजारी अहिंसा के,
दुष्टों को मारना ही होगा।।

जिसने न निभाया कर्त्तव्य आज,
यमदूत नरक ले जायेंगे।
चौरासी लक्ष योनियों में,
जीवन भर उसे घुमायेंगे।।

विस्मृति न कर अपना कर्त्तव्य भाव,
जीवन मिलना दूभर होगा।
कभी धर्म राष्ट्र जाति से उऋण,
युग युग जन्मों तक न होगा।।

अटल भाव उर धर अनल बीज,
बोना तन के हर नाकों में।
जिस वल पल प्रति अरिदल वल हो,
उलझे न कभी इन कांटों में।।

दृढ़ प्रतिज्ञित हो पुनः कर्त्तव्य करो,
कोसें समाधि की आत्मायें।
पायें न शांति समाधियों में,
मन मलीन हो हुतात्मायें।।

दो शान्ति श्राद्ध हित पावन जल,
जिससे न विकलता मन आये।
वीरों की चिर समाधियों के,
चिराग कभी न बुझनें पायें।।

राणा का वनवासी जीवन,
ओझल न कभी होनें पाये।
आहुति, समर्पण की प्रतिमा का,
दिनकर न कभी छिपने पाये।।

हे अटल समाधि के समाधिस्थ!
भाया आजीवन विजित वतन।
पंचतत्व में विलय हुए तात,
ऐसे भट को शत कोटि नमन।।

तुम शांतिदूत तुम रण सपूत,
तुम तो रवि के साकार रूप।
थे क्रांति दूत भूमण्डल के,
ये चिर पावन त्रिचरी अनूप।।

पुरखों की "धरोहर" के रक्षक,
पोषक-पालक को अनंत वंदन।
अक्षुण्य शक्ति सुत शक्ति बीज छवि पर,
"जगराम" हृदय से सतत नमन।।

◆◆◆

भक्षक

शशि वंश भरत नें निज बल-वल,
सींची क्यारी-क्यारी भरके।
उरभूमि चिर चिन्मयी भूमि को,
पाला महिसुत नें उर धर के।।

महकाया हर कोना-कोना,
सुमनों की तरुण सुगन्धों से।
चमकाया रग-रग नख-शिख तक,
पहनाकर कुसुमित गहनों से।।

नगपति सा प्रहरी खड़ा किया,
उत्तर में आन बचानें को।
अपनी फूली फुलवारी को,
आजीवन तलक सजानें को।।

संदेश अटल रावण के कर,
जगत जननी पर न बढ़ पाये।
शत कोटि घाव निज काया से,
जिन भरकों में अरि गल जायें।।

हिम प्रवर प्रफुल्लित सुत न मन हो,
रवि-मयंक चर्म चोला पहना।
कालिंदी सुरसरि तनया संग,
सदा सेवा में रत जीना।।

सम्राट जलधि को दक्षिण में कर,
चरणों को नित धोया करना।
तनुफेण ज्वार वल पग नूपुर,
कल-कल जय घोष किया करना।।

बन नीर की अनुचरी पयोधि,
अपना कर अपनें उर लेना।
अपनी ही हृदय सुता करके
अनुरागी जी में व्रत रखना।।

उत्तर–दक्षिण–पूरब–पश्चिम सकल,
सोलह श्रृंगार से आलोकित।
ऐसी कंचन सी खृगी बना,
जिससे जग हो चकाचौंधित।।

यह भरत देश यह हिन्दु देश,
जिस पर सुर आनें को तरसें।
गंगा अमृत धार की रज से,
चाह बसें पल–पल शत बरसें।।

यह वीर भूमि यह सिंह भूमि,
वक्षस्थली सिंह लालों की है।
जिस हृदय लहू की बही धार,
धरा यह लहू वालो की है।।

जानें कितनें माँ लालों ने,
उर लहू बहाया इस आंचल।
सजनी भगिनी के प्यारों नें,
कितनों ने खोये अरुणांचल।।

ऐसे रविमय की है हालत,
आंखें निज फाड़ फाड़ हेरो।
फल पात समूल अजगर तक्षक,
लपकते ग्रीष्म के ग्रास हरो।।

अगणित विषधर बन डोल रहे,
स्वारथी शिकारी राहों में।
भोले भालों के मृदु तन का,
जनु रक्त चूसते स्वादों में।।

निर्णायक, शिक्षा, नेतृत्व, सेवा,
पन के सब के सब मदमाते।
कर्त्तव्य भाव तज निज को चूसे,
ज्यों कलुषित मन भाव आते।।

धर्मराज, हरिश्चन्द्र बननें की,
सफाई देते डगर बीथिन।
अमल धवल तन परिधान पहिन,
निर्मल बनते समान बिन्दु तुहिन।।

कूंचों, गलियों, गलियारों, में,
घूमें निज गाल गरल भरकर।
बेधड़क बेटोक स्वच्छन्द चरें,
झूठे हंसा राही बनकर।।

नेता कहलाते तन-धन से,
पर मन से शोषण करते हैं।
मातृभूमि के सांचे सेवक,
का सच्चा बहाना करते हैं।।

अपना-अपना ध्वज तान गगन,
मन ही मन होते सतत महान।
लाते न निर्गमना को मन में,
चरें मन में विहंगम आगमन।।

खाली झोली को भरने में,
आठों याम पलने झूलें।
निज मंदर परिधान पेटिका,
हित ले आहत बंसी फूलें।।

ढीले लम्बे पहनावे के,
अंदर रखते कटार पैनी।
बन वंसी मलिन मीन वाली,
परिजन गर्दन भोंके छेनी।।

आपस में बनते सब भाई,
परस्वार्थ नीति में पृथक-पृथक।
मत के हित घूमें गलियारिन,
श्रम करते तन से अथक-अथक।।

गर्जे हित में द्वार-द्वार जा,
दिखलावें निज पन बार-बार।
सांचे साथी सांचे सेवक,
के सच्चे दिखावे-पन अपार।।

तर गये विजय पा सात जन्म,
कुल सात पीढ़ियां हरियाई।
कल के राही बन आज धीश,
हो गये मद मौन मृदुलाई।।

सब चिपके अवनि की वक्षसतह,
सिंहासन निज का मान रहे।
बहु धर्मी देवालयों में जा,
मांगे सुख सपना अमर रहें।।

तीनों तापों की मार करें,
यमराज स्वयं बन सुरपुर के।
नागिन सी विकट कटक बाहों,
बल से भागें प्राण पुरी के।।

कर रहे उघारी निज कर से,
घर में बनाते नृत्यांगना।
मलते हैं बाजुयें पुष्पों की,
सरसाते नग्न उजडे अंगना।।

चूंसी सब आन-बान-शान,
कंचन मुख सब लौह युक्त किया।
उदर पूर्ति में तन गहनें मन,
गौरव से नख शिखा मुक्त किया।।

कठपुतली कर निज धर पर कर,
निज आहों से सुखास हुए।
रोता सारा घर अवला बन,
पतझड़ी कुटीर वनवास हुए।।

शवहीन किया श्मसान भारत,
पतझड़ छाया अंचल अंचल।
कालिमा पोत दी तन वर्षाती,
सिर फिर न आयें अनंग उज्जवल।।

जैसे किसान वाले बालें,
फसलों को काटे हंसिये से।
ज्यों वसुंधरा पर गिरें उपल,
समग्र थल हीन किया सिर से।।

नगराजा नागपति सर्वेश्वर,
बन खींचे तन पट निज तन बल।
निजी श्रद्धेया को निज कर से,
नग्न करे वदन पट खींच अमल।।

पटहीन खोखली खोपडियां,
कंकाल मात्र आधार हुई।
बेमौत मौत केजा मुंह में,
जर्जर निर्झरों की कगार हुई।।

चूसको चूसना बन्द करो,
अबतो आखिर कंकाल रहा।
बारिस का बीता गलियारा,
अब इस उर न नील भाल रहा।।

कर न सकेगी यह अमा क्षमा,
क्यों उस उर अनल धधक रही।
पाओगे सब अनमोल सजा,
दुखदर्दी आन मुख उगल रही।।

क्षत्र तत्र टोली वाले असंख्या,
अनगिनत और साथी विहरें।
सकल दुष्कर्मी-कुकर्मी-अकर्मण्यी,
होकर निज उदर पूर्ति करें।।

सहाय केन्द्र पर लिखी सूक्ति,
का अक्षरशः अवहेलन करते।
भोले क्लांत बटोहियों को,
खुरदरे चाक नीचे दलते।।

बन रहे जन सेवक देश भक्त,
पर हैं जान लेवा अंधकूप।
मटियारे महि के विष धान्य,
अहि फैलाते मुंह अनल सूप।।

ऊपर से तो चिकनें चुपड़े,
विष कुंभपयो मुख साबित हैं।
खादी बर्दी के बन जनेन्द्र,
"कसाई" भाव से उकसित है।।

मांगते एक से असंख्य दाम,
अपनी सेवा के फलस्वरूप।
घोंटते गला शिकारी बन,
युग भर अवरोही आदि-रूप।।

ताकते द्वार मुंह अजगर कर,
निज ग्राहक आन फंसाने को।
जनु भोर की तुहिन कणों को,
ज्यों आये रवि बटोरने को।।

बन गये पसरट्टे की दुकान,
सारे आरक्षी केन्द्र आज।
अधिकारी से और भृत्य तलक,
गरे नृशंस क्रूर वेश साज।।

कर दिया उजागर धवल पटल,
अपनी आघाती सेवा बल।
सत्य अहिंसा का मृग चर्म पहिन,
स्वच्छन्द हसि विहरें दल के दल।।

शिक्षक के पाट की क्या पूछो,
शिक्षक सच चाकटु भक्षक है।
भोगी कामी निज नंदन के,
क्रन्दन स्वआनन का रक्षक है।।

अब ऋषि पाणिनि पंतजलि, वशिष्ठ,
और गाधि सुवन से गुरू नहीं।
त्यागी तपसी सा चरित्र-व्रती,
छात्र अर्जुन आरुणि पुरू नहीं।।

अवकाश न मिलता आनें का,
धरनी करनी से नहीं ढील।
कर्म निभाते निज पलंग तले,
बनकर क्षमा के बाल सुशील।।

शालायें गौशालाओं में,
बदली मुख पर अंचर ढक के।
परिवर्तित वेश निर्माणकों का,
अकर्मण्य भाव जेबों भरके।।

फुदकता-फुदकियों में तांडव,
बनें शिक्षालय पाश्चात्यालय।
श्रृंगार बनें प्रधान कलि के,
वातानुकूलित प्रतीक्षालय।।

पखवारों में अनावरण हो,
तो सांची कर्मी प्रक्रिया भली।
बहुलक में आये अंक मात्र,
शिक्षा की सूनी गोदी पली।।

मासांत लपकते बेतन में,
शिक्षा को नचाया बेतन में।
बनाया ग्रीष्म उर सरिता का,
भटकाया हर के केसन में।।

रविचंद्र मेघ सावन वाले,
बन गए ग्रीष्म की दोपहरी।
शिवि-दधीचि की सब जगह आज,
बन गये दुर्योधन के प्रहरी।।

तुम हो सब खग स्वच्छन्द गगन के,
परों पर प्रगति का भार लदा।
कर्त्ता-भर्त्ता-हर्त्ता तीनों के,
जीवन का शीश तार बंधा।।

मिलि सहभागी बन निज धर्मकर्म,
कर परिजन हित मत निर्लज्ज बनो।
निशि की तुहिन सजल बदली बन,
कर ढरकानें हित सलज्ज बनों।।

कोरे कागजों पर भर दो,
बन द्रोण गुरु आजादी के।
डालो मणिमयी माला कण्ठ,
दिनकर तनया बड़भागी के।।

बन निर्मल निर्झर विजन विपिन के,
आलस्य तज अवाध बहा करो।
सादा जीवन उच्च विचारों के,
सत-कर्म भावों में लहा करो।।

तुम तो तरुवर, सरिता, वन, हो,
परहित हित यह चोला पहना।
सोओ मत स्वार्थ सुमन शय्या,
पहनो निस्वारथ-त्याग गहना।।

बैरिनि बन कुचालिनी बयार,
अस्थियां कलश तन शेष रहा।
उर्वरा का गया उर्वरी चीर,
लावण्यमयी परिवेश रहा।।

कंगाली में आटा ढीला,
यह जान घंसोट मचे डग-नग।
सुदृढ़ प्रासाद प्राचीरों के,
पल अंग बिखेरे कंटक पग।।

गाढे में सब रूखे उखडे,
सत्य मीत मलिन घन से छाये।
लेकर गांडीव उजार करें।
परिजन कण्ठ छुरी अनियाये।।

डांवा डोल हो गई हालत,
रक्षक पोषक कर्ण-धारो से।
संचालय से सुरक्षालय से,
शिक्षा के घृणित किवारों से।

अब सब बनो सपूतों ब्रह्मशक्ति,
"जगराम" को दो प्राण दान।
सावन उमड़ाओ तरनि द्वार,
और अनंग सजाओ श्मसान।।

◆◆◆

'झंकार'

पुलक जताये नित हरी दरी,
निज नव पंजनि वल उझकि उझकि।
कृत्रिमता बनकर सतरंगीन,
करती आभूषित झलकि पलकि।।

नाच रही बनकर मयूर है,
निज कंत पवन की बाहों में।
मानों विरही चकवी बन वन,
डोले हित प्रणय उछाहों में।।

अह्लादित तान शीश अम्बर उर,
चन्दा से हेतु प्रेमालाप।
विश्रान्त क्लांत बटोही के,
सकल लजायें तन संताप।।

मिलता मेघ विकल चुप छुप कर,
उर से सजल कज्जल रजनी में।
भरता विक्षिप्ता के उदर रतन,
प्रणय प्रखर क्षुधित रागिनी में।।

पालते-पोषते बन सेव्या,
न्योछावर हो युगल हरित तन।
बन अली कली के रसिक पथिक,
डालते दृग राह अवला जन।।

चूमती कपोल जान प्रियतम,
बन विरही विक्षिप्ता बन बयार।
मिलता बदले उर को विषाद,
सुन चकवी की आरत पुकार।।

कुल जान एक उमड़ा गुरु छोह,
विस्मृति विलय मन से सब विछोह।
आनन फानन मिल जुरी कण्ठ,
प्रतिद्वन्दी से सब तज विद्रोह।।

निर्वाध वाहिनी पथ निर्झरणी,
करती आमोदमयी अंचल।
मानों तरंगिणी हरि तनया,
करती मलहीन त्रिपुंडाचल।।

साकार सहस्रतन नाम रूप,
करता आलोकित भीमकाय।
मानस हंसों को हुलस हुलस,
समझाये हृदय-के-अभिप्राय।।

विपिन वैद्य निज विजन देश से,
बहाये मलय सुगंध सरिता।
महकाये नखशिख तरुण करुण,
बन मलय की नव तरुण दुहिता।।

भरते सुमनों उर परानंद,
मधु पराग के रस मृदुल रंग।
मानों रतिनाथ चले वरने,
कुसुमायुध कर ले मलय अंग।।

ऐसी कंचन मृगया मुख पर,
कंचन की थाल सजाये है।
उर अनल सजे हंसी राही,
अमल धवल गगन लजाये हैं।।

पावन रमणीक मल यज्ञ रीझ,
चंदा नें बनायी मधु कुटी।
सुहृदयों के मलय गातों के,
आलिंगन से उरझी चक्षु नटी।।

प्रकृति अनुज बन चतुरंग सैन्य,
वर बना सुरुत्वा अमल राही।
पूर्व का पुरातन तम नासक,
नभ मध्य विराजा अश्वा रोही।।

चूमता चाटता पुहुपों के,
आनन का मधुमय रस पराग।
स्वच्छन्द बिहरे नित कली गली,
बन रति की रत कामोक्त आग।।

अध खिली खिली की बाहों में,
इठलाता वेष धर सुरानंग।
विस्मृति कर निज का नव संदेश,
खोया अनंग में निर्गुणांग।।

तैरे निःसंशय सुमन नदिया,
सजीलें स्वप्नों का पराधीन।
उपवन की अमल सरस गंधो,
का चेरा बना निर्गुण प्रवीन।।

गोदी–गोदी पलनें–पलनें,
के रस में भूला आत्मकथा।
बन उमंगपति चढ़ पुहुप यान,
मन से चिपकायी सुरति व्यथा।।

पल्लवीपन खेला सुमनों की,
कुसुमित गंधों की छाती पर।
बनकर पतंगा शरद वाला,
लुभाया किसलयी बाती पर।।

प्रथम प्रहर में था सवार वह,
तनु मोम नटी की गोदी में।
फुल्ल हो बहाया अनलावेश,
हृदय तन्तु की मध्य बेंदी में।।

जिह्वा बन लेता स्वाद अनंत,
भौतिक सुख की बनकर प्रतिमा।
बन गया दशकंधर सा साधु,
नैषर्गिक सुख तज के महात्मा।।

कर में संवार सुमन सायक,
रमण करे सदा रमण-स्थल पर।
मानों रवि विचरे बन मृगेन्द्र,
नीलांवर के भी वक्षस्थल पर।।

पल्लवित नाव चढ़ हर्षित सवार,
ने खोया मधुपन मधुकर में।
नूतनी ब्रह्ममयी धारा को,
उरझाया आकर शिव सिर में।।

बन मलिन भक्त षटरिपु-मित्र वह,
चला रंगीली चाहों में।
दूसरे प्रहर की ले नौका,
आया सावन की राहों में।।

पतवार ले निज कर पुष्पों की,
लंगर था उपवन का झुरमुठ।
जगत सिंधु की महा धार पर,
तैरे बन अहि फण से उठ-उठ।।

खेलता प्रकृति की मोह गली,
अनजान भाव लेकर मन में।
फंस गया वधिक का बन शिकार,
भौचक्का मृग कस्तूरी धुन में।।

नव तरुणा नाची उझक उटक,
बनके क्षणिक कन्त चराचर की।
जीवन के अपलक पलकों में,
छायी लय बननें अनुचर की।।

वर्षा की सरसरी बाहों से,
मन हरित नवल तन सरसाया।
सागर–सर–सरिता के सीने,
सुमन चढ़ मंद–मंद मुस्काया।।

गोबर्धन सा उन्नत मन लेकर,
सागर से गहरा उर लेकर।
तुहिन तनय बन के धवल विमल,
विचरे आनंग मद मन लेकर।।

पल गामी चढ़के मन तुरंग,
दस दिसि में टाप लगा मारी।
निज उरमें सब–सब उर में निज,
अनल हरित गल माला डारी।।

उद्वेलित भाव लिए सुमन कर,
दादुर–मयूर पिक सा प्रमुदित।
मानों मयंक शरद गमन की,
ऐसी छटा आगे है लज्जित।

नयनों की मंद मंद किलकन,
खंजन अंजन को लजा रही।
सुमधुर पीयूषी सरस वाणी,
पिक ऋतुरानी को लुभा रही।।

निज की सेवा में था व्यस्त भक्त,
पलकों पर आलस्य घिर आया।
जैसे उज्जवल अम्बर के तल पर,
कज्जल गिरि बेधड़क उमड़ाया।।

पलक झपके निर्झरणी बयार,
लायी रसलय की प्रवण रन्ध्र।
आकर्षित हुआ बन उदधि ज्वार,
जनु सोखा नीरमन बन सरन्ध्र।।

पग खिंचे धार दामिनि समान,
फूलों की मोद सेज तज के।
ज्यों उल्का प्रीति छोड़ नभ से,
धाये मिलने अवनि रज से।।

झाड़ी सरिता गुफाओं में,
निर्जन कानन की बाहों में।
बिरहा चकवा बन हेर रहा,
आहत रस धुनि की राहों में।।

जा पहुंचा देखा लक्ष्य तीर,
निज का पावन तज लक्ष्य सुदूर।
पूर्व पावन स्मृति को विस्मृति कर,
मनो से हो गया मुकुर चूर।।

चतुष्खंभों से युक्त मण्डप में,
शोभे कर ले वीणा मलिका।
नव हरितदरी पर भुवन परी,
सुरलय हो नैषर्गिक उज्जवलिका।।

आसीन वीणा में आसक्त,
तनु तार हिलाये मन हारी।
कपट युक्त छद्म झंकारो से,
पथ हीन हुआ मुग्ध ब्रह्मचारी।

तन से मन से निज कर्मों से,
हो गया अनुचर ध्रुव नयनो से।
जूही को देख आसक्त हुआ,
आभूषित कोटिन गहनो से।।

झूमनें लगा बन वारुणीश,
आगम निर्गमन की सुधि खोकर।
ज्यों बीन सपेरा की सुनकर,
परवश हुआ नाग मुग्ध होकर।।

चिपका वन पुत्तली तारों की,
मधु रुनझुन उन्मुक्त बहारों से।
पल धवल चांदनी चंदा की,
चिपकी हो धवल कछारों से।

हो गया लीन बन गया मीन,
स्वांसे सब पराधीन हुई।
अब तक की संजोयी निधियों,
की उत्कंठायें विलीन हुई।।

बंध गया मोम के बंधन में,
मोह न क्रदंन के आनन में।
आया नव तन पर रुद्र पतझड़,
हरित तन धारी रसावन में।।

नीरस रूखी सीरी बयार,
काल फुहार बन तीर आयी।
सज्जित नव उपवन के दुर्दिन की,
घड़ियों की अनल झड़ी लायी।

अनिल बही अनलमयी पुनि-पुनि,
नवल पुष्प पात तरु झुलसाये।
पीपल पत्ते सा तन कांपा,
मानों झरनें के दिन आये।।

नूतन परिधान झरा पल में,
झर गिरा गले पंकासन पर।
हो विकल छटपटाया मन से,
गिरिघर असाध्य मरणासन पर।।

झंकार हुआ उर अंतर में,
गिरि लोक छोड़ अधलोक चलो।
चौरासी लक्ष योनियों के,
अगम गहन वन की ओर चलो।।

हो गया अदृश्य रजनी तारा,
दिनकर के लोहित वलय आगे।
परिजन, पुरजन तनके रज्जन,
आ-न-सके महाप्रलय आगे।।

दुर्गति लख बोली हरित कलियां,
खिंच गये थे मलय बाहों में।
पाया फल रसिक उछाहों का,
पछिता कर कंटक राहों में।।

भूतल पर आगमन का सच्चा,
था नहीं संवारा गूढ़ मंत्र।
भटके रुज कर्म योनियों में,
तनु पायी न मुक्ति परम स्वतंत्र।।

आवागमन का दीर्घ चिराग,
जला दिया निज के ही कर से।
जैसे कानन के लता विटप,
पा वसंत हंसे पुनि उर से।।

अब बीते को टल जाने दो,
अगले पन में मन सुधि रखना।
इस रंगरलिया के आंगन में,
आकर के अजिर न पुनर्वसना।।

यह तो वरदानी कामधेनु,
करे क्षण में इच्छा पूरित।
सावन भादौं की बन बदली,
करे पल में धरा अश्रु पूरित।।

नन्दिनी घिनौनी मकड़ी है,
रहे विस्फारित अनवरत जाल।
भटका शिकार कोई अटका,
सुरसा बन पल में रखे गाल।।

यह जाल स्वप्नों की नगरी है,
इसमें आकर मत फंस जाना।
फंस गये यदि पुर में मोह कर,
तो होगा जन्मान्तर रोना।

सारापुर स्वारथ मीत असर,
सावन में उपवन सुखनिदियां,
जैसे वर्षा की नयन पुतली,
भी बनी ग्रीष्म की कृश नदियां।।

रंगीन-पुरी बहती सरिता,
स्वामिनि शैवालमयी दुहिता।
निज अगम्य जाल में उरझाये,
तनु सृष्टि का हर कण-कण क्षुधिता।।

पुरी को रंग अनल रंग में,
स्वयं न रंगना पुर रंग में।
जैसे वारिस का मेघ प्रवल,
रंगे सृष्टि दृष्टि नीर रंग में।।

गूजें झंकारें राहों में,
सुमधुर वीणा के तारों की।
उर के तारों को मत होनें-
देना दासी झंकारों की।।

तज झंकारों का अभिनंदन,
लिप्त होना अक्षुण्य पुंजपुर में।
काल वाण धरकर अजगव पर,
निडर संधान कोकिल स्वर में।।

बनना न पात्र मलिका उर के,
बनना चहेते करुणा के।
"जगराम" अनिल हरिनाम निर्झर,
श्री मन्नारद की वीणा के।।

◆◆◆

'ताण्डव'

यह वत्सला मातृभूमि पावन,
है ममता की साकार मूर्ति।
निज आंचल के सुमधुर पयसे,
कर रही है अतृप्त क्षुधापूर्ति।।

धनधान्यों की गोरस सरिता,
सुरसरि भांति है बहा रही।
उजड़े रेतीले पतझड़ के,
कण्ठ हरित माल है डाल रही।।

उर के अक्षुण्य भण्डार रतन दे,
रही है कुबेर बन हर्षा के।
कजरारे मेघपूत ज्यों दें,
रहे हैं हरियाली वर्षा के।।

साक्षात यह विष्णु आभा सदृश,
हो रही है नग से आभूषित।
अक्षुण्य कांति वाले गहनों की,
कीर्ति से हो रही है शोभित।।

शंकुल बन रहे हैं केश गहन,
निज तन पर हरित परिधान पहिन।
पवन के मन्द झोकों के लय से,
लहरा रहे है बन स्वच्छन्द विपिन।।

तिरछे घुंघराले नभ ओर,
मुखाग्र हैं तान रहे वितान।
रंगीन प्रसूनी झालर से,
सजा रहे हैं सिरतान बान।।

नगराज भाल पर चंदा बन,
बेंदी की छवि पा रहा है।
अटल सुहाग रहे नव अम्बा!
नभ तान सिर वर दे रहा है।।

हिमगिरि की ऊर्ध्वाधर कछार,
भृकुटी का लाज रख रही है।
निज वन वदन अजगव समान,
काजल की कोर लग रही है।।

काली उजियाली मनहारी,
नभ की आखें लग रही हैं।
निशि वासर सी काली लटकन,
आत्मीय पांखें लग रही हैं।।

ममता कजल की अटल धार,
जो पोंछे से न पुंछ रही है।
अश्रु निर्झरों के भारी भयसे,
पय ममत्व धार न छिप रही है।

युग कम-धर्म के युगल पुरो से,
नाक भाल तरि अब राज रही।
उत्तल अवतल की चंदा उतार,
छवि से मणिपुर है लजा रही।।

प्राची की लहूमयी ऊषा,
अधरों की छवि बढ़ा रही है।
अमिट अनल की शोणित सरिता,
की तेज धार बहा रही है।।

वाणी लग रही है हरिसुता,
की मोक्ष दायिनी सोम धार।
सुमधुरस शब्द कटु प्रहारों से,
कर रही है वदन क्षार क्षार।।

दंतियां बन हंसों की पातें,
तैर रही हैं मुख मानस में,
अमल धवल तन परिवेश पहिन,
ज्यों तैरे प्रकृति पावस में।।

श्रवणों बिच गिरि मेखलाकार
मकराकृति कुण्डल बन रहे हैं।
सुंदरता की श्रवण छटा को,
पुनि पुनि गद् गद् लजा रहे हैं।।

गंगा यमुना की धवल माल,
कण्ठ सजा रही है बन बहार।
सकल भुवन मोहनी छटा पर,
सर्वस्व हो रहे हैं बलिहार।।

उत्तर का समतल उर्वरा खण्ड,
बन रहा है कुंज वक्षस्थल का।
नैषर्गिक धान्यों के बल से,
है केन्द्र बन रहा मर्मस्थल का।।

छोटी-बड़ी अगण्य धारों में,
झरनें पय बन झर रहे हैं।
कुम्हिलाये ललनाओं के,
कण्ठ सोम धार बहा रहे हैं।।

गोदी बन रही है प्रसूनों,
की रंग बिरंगी फुलवारी।
बढ़ा रहे हैं फुलवारी की,
कीर्ति सुमन खिल बारी-बारी।।

कोकिल की कू–कू की वाणी,
फिर अंगडाई भर रही है।
आनें वाले पथिक की थकित,
कृश आहें क्षण हर रही हैं।।

भौरों की भिन–भिन की तानें,
शिव की समाधि हैं डिगा रहीं।
हृदय की दिनचर्या कर विलीन,
उर काम घ्रणित हैं जगा रहीं।।

नंदन के आतुर मृगछौने,
मारीच रूप में डोल रहे।
चितवन और चाल मराली की,
प्रवृति से हैं भोले लग रहे।।

विंध्य श्रंखला कंचन सी है,
चमक रही बन तनु कटि पेटी।
मोती के नग की लड़ियों की,
झालर बन रही है फेंटी।।

बारिधि के कल कल सातों–स्वर,
पग स्वर में है सुर मिला रहे।
मोहन की मृदु अधर नली की,
मोहनी तान हैं लजा रहे।।

ऐसी अन्नपूर्णा नवनिधियों,
से पूर्ण शोभित हो रही है।
अपनें सकल कुल उर खण्डों को,
उर मिल मन से पाल रही है।।

सुरभित प्राकृतिक हरितिम छटा,
घर खेल रही है बन जीवन।
तप दान अहिंसा आहुतियां,
है फूल रहीं बन संजीवन।।

ऐसी रामकृष्ण नगरी स्वयं,
आज बन रही है नृत्यांगना।
जिसमें कुलटा योगिनियों का,
हो रहा है लयकारी नर्तन।।

बारी-बारी हैं नाच रही,
बनकर बाजारी वेश्यायें।
निष्ठुरता स्वारथ की एकाकी,
मंत्र मुग्ध सी स्वतंत्र आत्मायें।।

नग्न गरीबी दुर्दिन की दुर्लभ,
तानों की लय है सुना रही।
सबको निज निरस कटारी की,
तीक्ष्ण धार से है सुला रही।।

फिर कभी न दिन में उठनें का
दे रही है शापित मृत्यु बचन।
दलित आहों की ऊष्ण स्वांस,
विवस कर रही हैं कटु प्रवचन।।

रो रहा है जगत का कोना,
इसकी क्षुधित मृदु रागिनी से।
शवों का श्मसान हो रहा है,
पुलकित घर आज प्रेतिनी से।।

भोले-भाले बहु कृश ललना,
टुकड़ो-टुकड़ों को तरस रहे।
तीक्ष्ण क्षुधा की तपकन लय से,
उदर पकड़ कर हैं विलख रहें।।

शीत घाम की विकट मार को,
बिना वस्त्रों के सह रहे हैं।
वारिस फुहार की झडियों में,
सिहर सिहर कर मर रहे है।।

माँ की गोदी के आंचल में,
मुह छिपा सिसकियाँ भरते हैं।
रोटी बदले गलित जहर दे,
माँ ऐसा रो कह रहे हैं।।

ऐसे जीने से मर जाना,
माँ उर भाव हैं उमड़ रहे।
तेरी गोदी के मृगछौने
रो-रो बिलख कर पूंछ रहे।।

या यूं हीं आजीवन घायल।
बन डोलूंगा मारा-मारा,
कब लेगा तन सुख चैन स्वांस,
कब होगा दुख से छुटकारा।।

अब तो इस असह्य वेदना को,
सहनें में न है सक्षम शरीर।
तरु छिपा न सकते पीत वसन,
जब बहे तीक्ष्ण सीरी समीर।।

सुन जननी सुत आरत पुकार,
दीन विक्षुब्ध रुदित उरखंडों की।
रो बोली माँ मत हो अधीर,
है घड़ी यह प्रलय प्रचण्डों की।।

ऐ पर्ण कुटिया के आनंद रत्न,
उर फाड़ न दिखला सकती हूँ।
तेरे हित अथाह ममता को,
उथले में न ला सकती हूँ।।

अपनें जैसे अगणित सावन,
पतझड़ के द्वार रो रहे हैं।
नीलाम्बर के वितान तले,
निर्झर बन सदा झर रहे हैं।।

भोर की नव अधखुली कलियां,
बन रहीं राग हैं खेतों का।
जनमन परिवेश हो रहा है,
आज मणिहार पाखानों का।।

उदरपूर्ति हित नूतन परियां,
दे रहीं अंग हैं सारी का।
अपनें दुधमुहों हितार्थ बन,
रही हैं राग लाचारी का।।

सब परिवेश हो नग्न गगन सा,
बेह्या बनकर है नाच रहा।
हो परतंत्र परहीन वदन तनु,
द्वार–द्वार में है भटक रहा।।

विधिना निज निष्ठुर लेखनी से,
क्यों लिख रहा है कुअंक भाल।
ऐसे क्या अक्षम्य अपराध किए,
जो डाल रहा है कंकाल माल।।

लाचारी का अवसर पाकर,
अज्ञानता तन है जला रही।
अपनी ही मदमाती ज्योति की,
साया में तृण है सुला रही।।

नित विजय नगाड़ा पीट पीट,
निज कीरत गान गा रही है।
निज घोर–तम शासन के तले,
कण–कण हठात् खींच रही है।।

मानस की सच्ची पगडण्डी को,
अपनें हल से है जोत रही।
ऊपर से सावन की काली,
बदली का रंग है पोत रही।।

हीन कर रही है कुशाग्र पट,
निज की कर्कश तीक्ष्ण रेती से।
खोद रही है वदन महागर्त,
अपनी चमकीली गेंती से।।

बना रही है प्रकृति का दार,
हृदय भर तिमिर मल-मल अपार।
घृणित आदतों का दास बना,
भटका रही है मल के द्वार।।

कर रही खड़ा है गिरि विशाल,
तेजस्वी दिव्य दृष्टि दूर आगे।
कर रही है बाध्य राहों को,
अपनी निशा तम शिला आगे।।

तिमिर की स्निग्ध डोर से कस तन,
तम कारा में है डाल रही।
कुटिल कंटक जंजीरो से,
सुघड़ नवल तन है जकड़ रही।।

बना रही है मन मतवाला,
तममयी सुरीली तानों से।
रसातली जीवन जीनें की
धुनि चिपका रही है प्राणों से।।

दो स्वयं मंदवाले अज्ञानी,
पले नाग बन हैं नाच रहे।
अपनें ही कर से अपनों के,
हंस के गले हैं घोंट रहे।।

पिला रहे हैं हलाहल असक्त,
कर से कुल भाई चारे को।
गर्दन पर चला रहे हैं हंस,
तीखे अज्ञानी आरे को।।

चर रहे हैं अंकुर डालियां,
बन शील चपल मृग कानन के।
बदले भर रहें है पतझड़,
हरे-भरे घर तन सावन के।।

कर रहे कार्य हैं मनमानें,
आगे की चिंता विसराकर।
निश्चिन्त जबरन की शैय्या पर सो,
रहे हैं निडर पग फैलाकर।।

ऐसी रानी गर्दभ रागिनी,
आज राग है आलाप रही।
अनल निज अज्ञानमयी लय से,
जगत अज्ञानी हैं बना रही।

और सकल लोक लज्जा तजके,
है नाच रही बन तम निर्लज्जिन।
कर रही नाच है गली-गली,
बन कर प्रलयंकारी योगिन।।

कलुषित कुरीतियां नाच रहीं,
आनन घूंघट के बाहर कर।
सुहृदया संग तान मिलाकर,
गा रही हैं भैरवी डटकर।।

कर रही हैं सुसमाज विदीर्ण,
उर वेध द्वेष का अनल वाण।
आत्मीय सुधी आत्माओं के,
हर रही हैं रुद्र हो तन प्राण।।

बना आज मदारी का बंदर,
हैं नचा रही जन मानस को।
पुनि पुनि स्वारथ की घड़ी दिखा,
पथ भ्रष्ट कर रही हैं मस्तिष्क को।।

बेचारे हो पर पराधीन,
हैं ठुमुक-ठुमुक कर नाच रहे।
मान-लोभ की सुदृढ़ इच्छा में,
पीछे-पीछे हैं दौड़ रहे।।

नयनों के सैनों के स्वर में,
बरबस खग बन हैं बोल रहे।
क्रूर सैनों की बाजुओं में,
हैं अठखेलियां खेल रहे।।

परवश हो मलय सलोनों की,
कर रहे हैं आज बचपन में।
ले रहे हैं जान निज कर से,
अपनें सुतों की मूढ़पन में।।

हर केसों में हैं डाल रहे,
उज्ज्वल विकास की धारा को।
जबरन पथहीन कर रहे हैं,
आज अटल पुञ्ज ध्रुवतारा को।।

ले रहे दहेज हैं मुंह मांग,
मुंह अजगरी सा फैला कर।
चूस रहे रक्त हैं आपस में,
निज निज मन का शिकार पाकर।।

पीकर दहेज का कूट घूंट,
हो रहे हैं आपस में कुभ्रष्ट।
निज की बेटी को निज घर में,
दे रहे आज हैं अक्षम्य कष्ट।।

बहू व बेटी के बीच आज,
बना रहे हैं दीवाल नयी।
अपनें पराये का कर अंतर,
प्रीति कर रहे हैं स्वार्थमयी।।

ऐसी विरही विकल चकवी है,
स्वप्नों के धार में तैर रही।
अथाह स्वप्नों के सागर के,
उर में है स्वर्ण बन चमक रही।।

मानस के उर की बन हंसा,
बेरोजगारी है तिर रही।
उर के अनमोल मोतियों को,
एक-एक करके है निगल रही।।

अपनें पांखों के झोकों से,
कमलों को है झकझोर रही।
प्रखर पवन बनकर मतवाली,
रूखों के सुख है बटोर रही।।

अपनी शोकमयी वीणा की,
मधुमय तानें है सुना रही।
श्वेत तार के झंकारों से,
कटु तान है आलाप रही।।

निज मौत फंास है डाल रही,
उपवन के विकसित सुमनों पर।
स्थिरता का है लगा रही तनु,
पूर्ण विराम चलित पवनों पर।।

तरुणाई को है बना रही,
दासी अपना दे अमोघ मंत्र।
जन्म से अन्तिम लीला तक के,
लिए दे रही है जादुई तंत्र।।

बनकर छल नकटी सूर्पनखा,
दिखा रही है निज कपट चाल।
अपने मायावी सुमनों की,
ह्दय डाल रही है छद्म माल।।

फंसकर इसके पंजों में,
दुखिया बन हैं फड़-फड़ा रहे।
अपनें प्राण पखेरुओं को,
पल में घट से हैं उड़ा रहे।।

निज जीवन से हैं जूझ रहे,
बन बेचैन पतंगे वर्षा के।
निज गंवा रहे हैं प्राण आज,
बन विमल पुजारी ईर्ष्या के।।

उजड़े कमलों के ढेर सदृश,
बन पडे हैं चौराहों पर।
आगाह कर रहे हैं जीवन,
को खड़े हो दुर्गम राहों पर।।

बेमोल भाव बिक रहे हैं,
बन कूड़ा कर्कट गलियों के,
मलमूत्र हार बन रहे हैं,
पाखानों की दुर्नालियों के।।

लाचार हो रहे हैं पल पल,
पीकर विंहसि अपमान घूंट।
स्वयं आत्महत्या कर रहे हैं,
पी प्रलय जहर की प्रवल घूंट।।

पूर्व संजोये सपनों के,
हारों को है तज फेंक रहे।
जघन्य अपमान से बचनें को,
सीने में भाले भोंक रहे।।

क्षण फेंक हृदय से करुण बीज,
नव-दानों को है पीस रही।
बन करके प्रस्तरों की कोल्हू,
है बूंद में तन-निचोड़ रही।।

कालिका वेश धर विचर रही,
उर का सारा शोणित पीने।
खप्पर वाली रण चंडी बनकर,
असि को भोंक रही है सीने।।

पिला रही है वह शोषण का,
विषाक्त दुग्ध निज घूंसखोरी।
श्मसान गोदी है सुला रही,
बन करके सौतन महतारी।।

भोले दीन दुखियारों पर,
कर रही आज है बज्राघात।
उर लाचारों आधीनों के,
तीक्ष्ण मार रही हैं भृगुलात।।

आघाती उर बालों को है,
मार रही बेदम तन करके।
चोंटो से जर्जरित तन वालों,
को सता रही है जी भरके।।

पतझड़ के तरुओं के समान,
कर रही फलों से निर्वस्त्र वेश।
झकझोर रही है जी भरके,
जिससे न पात रह जायें शेष।।

अपनें अक्षों की पुतलियों को,
प्रेरित कर रही है दुर्जनों को।
विषय-विषैले-विषधरों को,
उकसा रही है संधानों को।।

अनुशासन माँ का पा करके,
उड़ रहे हैं नभ मे बन विहंग।
देख आहार दृग राहों पर,
झट झपट रहे हैं बन भुजंग।।

नीलाम्बर से हरिताम्बर तक,
पनप रहे हैं इनके समाज।
परिधान पहिन तन स्वारथ के,
सिर बांध रहे हैं भृंष्ट ताज।।

बन करके सच्चे नृप हरिश्चन्द्र,
हैं दिखला रहे निज स्वामिभक्ति।
निज रानी से कर लेने में,
हैं लगा रहे तन पूर्ण शक्ति।।

सुशासन दुःशासन बना रहे,
जन जन को नारी बना रहे।
ले रहे घूंस हैं समर्पण की,
शोषण स्वरूप हैं दिखा रहे।।

दुःशासनमयी भुजाओं से,
माँ का चीर हैं खींच रहे।
परदे की ऊषा रानी को,
हैं मण्डप में छटा बना रहे।।

खा रहे हैं स्वजनों का माँस,
कंकाल सरिस हैं बना रहे।
तीखी चोंचों की झपटो से,
तनु प्राणों को हैं भगा रहे।।

अति घृणित कुकृत्य कर मनमाने,
माँ का मान हैं बढा रहे।
माँ के मन की फुलवारी में,
बगुले-से पुष्प हैं खिला रहे।।

ऐसी बगिया की मालिन नित,
सुधि ला कुंज है सींच रही।
लालच का पानी दे देकर,
है स्वार्थ दुर्गन्ध उर बहा रही।।

बेईमानी के असंख्य पुष्प,
निज नंदन में है खिला रही।
स्वयं बन नंदन विपिन मलिका,
कालिका भांति है नाच रही।।

ये चला रही है मिलकर सब,
साम्राज्यवाद-सा क्रूर शासन।
भारत माँ को है डाल रही,
कारा में करके अनुशासन।।

दे रही यातनायें हैं सब,
बनकर लंका की राक्षसियां।
दिखला विकट भयावह स्वरूप,
हर रही हैं सिया की खुशियाँ।।

माँ एक दिन उषा की किरणें,
खेली थी तेरी गोदी में।
वहां कर रही हैं ताण्डव नृत्य,
दुर्घड़ियां तन फौलादी में।।

सुदिनों पर सब बन जायेंगी,
एक दिन ये तेरी कुलगामी।
तब पल चल तन पुलकायेंगी,
हरित प्रकृति की नव आभा भी।।

माँ! धीर धरो मत हो अधीर,
प्रभु राम शीघ्र ही आयेंगे।
आततायियों का कर विनार्स,
तब असह्य कष्ट से छुडायेंगे।।

आ भरदेंगे पहले जैसी,
खुशियां वे तेरे आंगन में।
पहना देंगे पहले जैसे,
गहनें तेरे तन पावन में।।

विकसा देंगे पहले जैसे,
सुमनों को तेरे कानन में।
डाल देंगे मधु का एक घूंट,
तेरे जीवन के आनन में।।

मिटा देंगे हृदय व्यथा दाह,
"जगराम" बहाकर मंदाकिनी।
दबा देंगे योगिनियों के,
'ताण्डव' नर्तन की बक्र रागिनी।।

◆◆◆

अभिलाषा

नौमास उदर में रख तेरे,
नूतन तन को सुत पाला था।
अपनी खुशियों के जीवन को,
तेरी राहों में डाला था।।

महकाया था तन का आंगन,
तेरे मन को बहलाने को।
स्नेहिल लोरियां गायीं थी,
अंक पलने में सुलाने को।।

पलने में झुलाया या प्रसन्न,
होकर मन से बन कर शालिन।
पाला था गिन गिन हर धड़कन,
तेरे उर की बनकर मालिन।।

सींचा था मन ला ला-करके,
अपनी ममता के पानी से।
माँगे थी अक्षुण्य चिर आशीष,
बचन तुझ हित प्रकृति रानी से।।

दिन रात ईश आराधन कर,
नित मांगी थी अक्षुण्य निधियां।
करुणा निधि मेरे लालन की,
बीतें सुखमय जीवन सदियां।।

बनकर सावन की हरियाली,
तेरे सुख में पुलकायीं थी।
हिम गिरि से भी ऊंचा मन कर,
तरु सिर समान लहरायीं थी।।

बनकर निर्झरणी हरित सावन,
की उफन उफन सतत बही थी।
तेरे जीवन की खुशियों की,
गाथायें हंस हंस कही थी।।

शरद का अपलक नीलांबर,
बनकर अमिय की वर्षा की थी।
साक्षात आदिशक्ति देवी बन,
हृदय में सुख निधियां भरी थी।।

बनकर बसंत की ऋतुरानी,
मन को कुंज सा खिलाया था।
अपनें मन की फुलवारी को,
विहसि अटारि सजाया था।।

सजाया था नख शिख तक तन,
नव रंग विरंगे फूलों से।
महकाया था तन का रग-रग,
मलयज की मलयी धूलों से।।

सीरी बयार की झपटों से,
पहले ही हिय लिपटाया था।
अपनें ऊष्णमयी आंचल में,
ढक तेरा बदन बचाया था।।

बलिहार किया था हंस-हंस,
कर सब कुछ अपने जीवन का।
लुटाया था हिय आनंद कोष,
पुलका पुलका अपने घर का।।

बनकर पतझड़ की पटरानी,
तेरे दुख में बिलखायी थी।
बन विटप वसन सीरी बयार,
में सिहर सिहर कर कांपी थी।।

झराये थे कुसमित गात की,
फुलवरी के हर सुमनों को।
गडाये थे पंकासन ऊपर,
अपने दुखियारे नयनों को।।

बनाया था नयन सागर को,
अनंत का रक्त मुख विशाल द्वार।
पहनाये थे हिय कजरारे,
विकट मेघों के श्याम हार।।

जलाया था सुकोमल अपना,
तन संतापों के तापों से।
बंधाया था अपना पावन,
बदन नर्क के घृणित पापों से।।

देख कष्ट तेरे मृदुल तन पर,
वेसुध हो अति घबरायी थी।
आठोयाम मोह में पागल,
हो विलख विलख कर रोयी थी।।

बनकर भिखारिणी दर-दर की,
खायी थी मुख सूखी रोटी।
पहने थे तन पर जीर्ण वस्त्र,
बनकर खलिहानों की बेटी।।

झेले थे असह्य कष्ट तन पर,
भीतर ही भीतर घुड़क घुड़क।
सहर्ष पछाड़ें खायी थी दुख,
की वसुंधरा पर लुढ़क लुढ़क।।

बहायी थी अश्रु श्वेत धार,
अपनें नयनों के सागर में।
भरी थी दुखमय अनल ढेरी,
अपने तन की रिक्त गागर में।।

निस्तब्ध निशा की तरह तात यह,
अपना जीवन भी काटा था।
सुख-दुख की बन परदारा निज,
कर से ही निज तन पाटा था।।

आशायें थी उर में अपार,
सुत कर देगा स्वप्न साकार।
पहनायेगा मणियों से भी,
मूल्यवान तेजस्वी पुञ्ज हार।।

शीर्ष मांग की रक्तिम गरिमा,
की आभा को चमकायेगा।
ऊषा का सकल रक्त पुञ्ज कोष,
सन्मुख में सिमट बलखायेगा।।

स्वयं ही फीका पड़ जायेगा,
तन पीत वसन धारण करके।
पल-पल मन से बिल खायेगा,
अपना तेजस्वी रूप खोके।।

शरद चांदनी से भी उज्ज्वल,
कीर्ति भुवन में फैलायेगा।
माथे के विमल अटल सुहाग,
को चांद बना चमकायेगा।।

घूरेंगे अम्बर के असंख्य,
ग्रह पूर्णिमा के मुख मण्डल पर।
मींच लेंगे निज अपलक नयन,
जा तरुण भानु के बक्षस्थल पर।।

कर देगा स्वर गौरवान्वित,
ले जाकर नभ के शीर्षतलक।
जिसको निहारेंगे आकाश,
गंगा के असंख्य ग्रह अपलक।।

आने वाले दुस्साहसी को,
नगपति बनकर अटकायेगा।
अपनें अकट कटक कुराही,
भरको में तनु गुमराहेगा।।

हीरकनी की लड़ियों से भी,
कीमती हार पहनायेगा।
जो दसों दिशाओं में दिनकर,
सा प्रचंड तेज फैलायेगा।।

आजानु बाहों के शौर्य की,
त्रिभुवन में छटा बढायेगा।
रामकृष्ण की धवल शौर्य छटा,
को मुंह की मार खिलायेगा।।

गंगा यमुना की प्रबल धार।
वक्षस्थल पर सतत बहायेगा।
चौबीसों घाटों के कगार,
को हरित माल पहिनायेगा।।

लादेगा सतत हरित बहार,
पतझड़ के दलित प्रवासों में।
भर देगा मलयज की मधुरिम,
गन्ध सतरूपा की स्वांसों में।।

भोर का सूरज उगाकर हिय,
की पुष्प वाटिका खिला देगा।
सावन की बदली उमड़ाकर,
पीयूष धार बरसा देगा।।

खिला देगा पारिजात भांति,
सुमनों की चित्ताकर्षक प्रजाति।
भर देगा तनु मलया गिरि की,
मलय दायिनी अक्षुण्य वरख्याति।।

बांधेगा तनु धवल करधनी,
कमर कटि छटा उकसानें को।
स्वयं चांदनी ऐसी प्रतिमा,
लख के तरसेगी पाने को।।

जलधि के युगल स्तम्भों से भी,
जानु सुदृढ़ बलिष्ठ बनायेगा।
अस्थिर चिर स्तम्भों के नस-नस में,
अपरिमित रक्त सत बहायेगा।।

जल निधि विशाल की अथाह वृत्ति,
से सदा चरण धुलवायेगा।
नूपुर की कल-कल ध्वनियों की,
धुन को नभ तक ले जायेगा।।

पर रजनी के कुसुमित सपने,
प्रभात कुमुदिनी सम मुर्झाये।
शीतलता की पीयूष श्वांस,
ऊष्णता की दाह भड़काये।।

हिय संजोये चिर अक्षुण्य भाव,
खद्योत ज्योति बन झिलमिलाये।
ज्यों इंदु भोर की बेला में,
पीत वसन धर वदन लखाये।।

तारों सा मुख पड़ गया पीत,
दिनकर के तपित अखाडे में।
सब भाव भंगिमा सिमट गई,
ज्यों शीत ऊष्ण के बाड़े में।।

अस्थिर प्रतिमा सी बन अवाक,
चित्र लिखी सी प्राण हीन हुई।
पल में मुर्झायी नख शिखातक,
बनकर छल पादप छुई-मुई।।

क्षण सुमनमयी मन मलिन हुआ,
पश्चातापों के सागर में।
तनु विलय हुआ बल खा-खाकर,
अति श्वेत शीतली चादर में।।

ऐसा उरझा ऐसा लिपटा,
जैसे सुरसरि हरि के सिर में।
होकर विस्मित मनु अचेत हुआ,
मानों सोया हो तलघर में।।

नयनों से आंसू निर्झर बन,
पुलका-पुलका कर टपक पड़े।
अंत:उर की आर्त कहानी को,
ले आकर बाहर अडिग अड़े।।

रो रोकर अपने परिजन की,
कायरता का गुण गान करें।
तेरी करनी से उकताकर,
पतझड़ के पात समान झरें।।

जिस फल की आशा की मैनें,
बह तरु ही स्वयं नहीं फूला।
आशाओं के वसंत ऋतु में,
कोई भी मधुर फल न झूला।।

पुनि बला-बला कर टाल दिये,
अगणित वसंत नव जीवन के।
बहलाया तरु ने बार-बार,
पतझड़ का नीरस जी बनके।।

हिय को तड़पाया तरसाया,
आशाओं के वदन शिला रख।
सपनों की कुसुमित वगिया के,
पुहुपों को जलाया अनल रख।।

ऐ निर्लज्ज कपूत घृणित कायर,
साकार मूर्ति कलंक की हो।
तुम हो जघन्य अपराध सदृश,
तेज हीन धार खड्ग की हो।।

तूने भाल लगाया कुतिलक,
कपूत पन का उज्ज्वल भाल पर।
तनु फिरा दिया अपमान लेप,
पूर्णिमा के चंदा के मुख पर।।

घटिया स्वार्थ के मीत प्रवर,
लोलुपता के कांचे घट हो।
अपने ही तन के रखवाले,
निज उदर पूर्ति के घूंघट हो।।

परायी न समझी लाचारी,
अपने मधुमय सुख के आगे।
अनुचर धूर्त कृतघ्नता के बन,
तन मन से कृतज्ञ भाव त्यागे।।

घिनौना बर्ताव किया जैसा,
वैसा कोई नहि कर सकता।
तेरे नित अक्षम्य अपराध को,
जगत कभी क्षमा न कर सकता।।

भोगना पड़ेगा सकल तुझे,
एक दिन अपनें ही निज घट पर।
देखनें पडेंगे मेरे से,
दलित दुर्दिन जीवन के तट पर।।

सकल भुवनों की महाशक्तियां,
तुझे कभी क्षमा न कर सकती।
अवनि और अम्बर की गोदी,
निज कभी न आश्रय दे सकती।।

घृणित विश्वासघात के बदले,
हलाहल जहर तू दे देता।
अपने ही निर्मम कूट कर से,
पूर्व ही लहू सब पी लेता।।

जन्मता ही न मेरी कोख से,
न पोतता कालिमा कुल भाल।
देता न आश्वासन स्वप्नों को,
न फैलाता निज स्वार्थ जाल।।

भुवनों में सबसे श्रेष्ठ भक्ति,
निज जननी की ही होती है।
जिसने न कभी की माँ सेवा,
उसकी घोर दुर्गति होती है।

माँ ही जगत की कल्याणिनि है,
माँ ही जगत जन्म दायिनी है।
माँ ही है आदिशक्ति स्वरूप,
माँ स्वयं सुख मोक्ष दायिनी है।।

जगती का कण-कण अपने ही
गर्भ से माँ ने ही उपजाया।
जननी के ही आशीषों से,
दिनकर ने ब्रहमाण्ड चमकाया।।

ऐसी माँ की यश सुगन्ध है,
जिस बल चर-अचर सकल महका।
जिसने भी की जननि की भक्ति,
उसका यश भुवनों में ठहका।।

"जगराम" न भूलों अवनि जननि,
विधि-हरि-हर से भी है महान।
सेवा फल है मधुरस समान,
ऐसा है प्रकृति का स्वप्रमाण।।

◆◆◆

शंखनाद

उठो भोर के सुमन।
खिलो रवि सा कर तन।।
बहाओ मलय पवन।
'शंखनाद' आत्महवन।।

निशि विहंग रागिनी।
बनी अमा चांदनी।।
प्रातः में लजा गयी।
स्वप्न मद में खो गयी।।

अंध कूप में छिपी।
विषाद गर्त में गपी।।
दृग में ऊष्ण अश्रुभर।
चैन की बहार चर।।

रो कहे दुर्दिन व्यथा।
त्याग सुदिन की कथा।
तज स्वतंत्रता का संग।
रमी परतंत्रता रंग।।

रंग रैन के पुहुप।
मौन धर सोये चुप।।
मंद झोंके अनिल के।
छिपे कूल सलिल के।।

पंखुड़ी समेट कर।
सुगंध हिय चपेट कर।।
पराग को साथ ले।
मकरंद का हाथ ले।।

पीयूष को पीकर।
मुख मलिन में सीकर।।
रम्यता का दान दे।
भावों का छोह दे।।

निर्मोह दृग मूंद कर।
आनंद को गूंद कर।।
अनल को गले लगा।
बन निर्जीव का सगा।।

सो गये श्मसान घर।
हाथ पैर तान कर।।
बिछोह की छांव में।
करुणा की थांव में।।

मयंक का युग टला।
शांति का घर जला।।
पीत राख सा हुआ।
ऊषा ने मुंह छुआ।।

कालिमा को संग ले।
रजनी का उमंग ले।।
निशा का बीता पल।
उड़े श्याम मेघ दल।।

नभ वितान लुप्त हुआ।
जल स्वरूप सुप्त हुआ।।
नील पवन रुक गयी।
मौत गोद सो गयी।।

दीर्घ लघु धवल नक्षत्र।
छिपे तान शीश छत्र।।
निशा का प्रणय कलह।
चले छोड़ कर सुलह।।

बागडोर 'छोड़कर'।
अखण्डता सिकोड़कर।।
धवल चीर खींच के।
भागे दृग मींच के।।

वेदना संभाल के।
अतृप्त माल डाल के।।
रक्तिमा के ताव से।
भोर के प्रभाव से।।

श्याम चीर धारिणी।
मधु की नग्न रागिनी।।
चली प्रहर लांघ के।
छद्म पट सिर बांध के।।

प्रीति निशा तोड़ कर।
नयन नीर छोड़ कर।।
विरह का लेकर वर।
चली छोड़ सोम घर।।

अश्रु तुहिन में बदले।
तृष शिख पर झिलमिले।।
अवनि पर बिखर गये।
स्मृतियों में खो गये।।

देख कर अनाथ तन।
ले हठात साथ मन।।
घृणित काम भाव ले।
कुकृत्य क्रूर चाव ले।

सुकृत्य कर मरोड़कर।
कुकृत्य प्रीति जोड़कर।।
अनल वलय सा वदन।
बनकर कामी मदन।।

बधिक सी चाहें ले।
काल सी बाहें ले।।
दृग विशाल फाड़कर।
नयन चयन ताड़कर।।

मंद मंद हंस पड़ा।
मधु बहार ले बढ़ा।।
लाल चीर ओढ़कर।
क्षितिज उदर फोड़कर।।

आनन रक्त ज्वाल सा।
त्रिताप के ताल सा।।
भाव ले बिहालपन।
किरण कर उछाल क्षण।।

लपका बन दामिनी।
काली सी योगिनी।।
रूप देखकर डरी।
लाज ले फिरी परी।।

सागर का ज्वार बन।
ढाल की कगार बन।।
बाहें तान सर्प सी।
गही सारी दर्प सी।।

चक्षु दृष्टि को कुदृष्टि कर।
मन में सुखद तुष्टि भर।।
व्याल सी बाहों से।
गहा मधु चाहों से।।

अनंग का उमंग बन।
काम सा भुजंग बन।।
लाज लूटने लगा।
अमिय चूसने लगा।।

बासना की मधु धुनि।
सुन चीखी करुण ध्वनि।।
चेतना उभर गयी।
साधना उजड़ गयी।।

प्रलय सुगंध छा गयी।
हरित लहर आ गयी।।
भुवन सकल जग गया।
विस्मय में उलझ गया।।

सुन करुण आर्तनाद।
जागा चर तज मांद।।
चीख हिय समा गयी।
कौंध सी चमक गयी।।

भोले खग विटप के।
तजे शयन विटप के।।
चूं चूं करने लगे।
भय से डरनें लगे।।

आत्मा की आह को।
हृदय की कराह को।।
सुपुत्र से प्रहरी बन।
विपिन के केहरि बन।।

झुण्ड-झुण्ड ऐक्य हो।
जननी के सेव्य हो।।
संदेश देनें लगे।
आर्त सुनानें लगे।।

सरिता सत वाहिनी।
गाये पंक रागिनी।।
मन में अकुला गयी।
निर्मलता भुला गयी।।

कानन के विटप गण।
कंपे मिल कर तृण-तृण।।
उन्मत्त झूमनें लगे।
भीरु भाव तज जगे।।

शीश गिरि झुका गये।
लाज में लजा गये।।
अश्रु झरने बन झरे।
गर्त कल-कल कर गिरे।।

मृग शावक विपिन के।
वेश पहिन तुहिन के।।
हरित पर मचल गये।
बसी हो अचल भये।।

तनु मंत्र मुग्ध हो गये।
कराह में खो गये।।
मल हुलास त्याग क्षण।
त्याग भोग राग प्रण।।

अवनि से गगन तलक।
खुल गया सुषुप्त पलक।।
पहिन धीर वेश तन।
हिय समेट भानु फण।।

शेष सी बाहें ले।
कोटि फण राहें ले।।
अनल सा सुलग गया।
पवन सा बिखर गया।।

कृतज्ञ भाव धार उर।
तज कृतघ्नता का पुर।।
मैत्री में लिप्त हुआ।
उपेक्ष से लुप्त हुआ।।

कृतध्नता के मित्रवर।
आलस्य के सुहृदवर।।
छोंड़ नींद की नमी।
तज कायरता गमी।।

रजनी के सुषुप्त मन।
हंसो ज्वाल से सुमन।।
छोंड कर उनींदपन।
करो भानु सीतपन।।

आलस्य को त्यागकर।
अचेत में राग भर।।
निरख दशा खोल दृग।
दहाड़ो बन वन मृग।।

सुप्त में जागृति भरो।
क्षुधित हिय मुदित करो।।
चर अचर को वर दो।
ज्योत्सनामय कर दो।।

अशांति को शांति दो।
विलास को क्रांति दो।।
कायरों को शक्ति दो।
मातृभूमि भक्ति दो।।

अमा को मयंक दो।
कालिमा को डंक दो।।
रात को प्रभात दो।
उनींद को प्रात दो।।

विपिन को हुलास दो।
गगन सी उच्छ्वास दो।।
मलय सी बहार दो।
नभ सा आकार दो।।

गिरि को गर्व दान दो।
क्षितिज भांति कान दो।।
उच्चता सी शान दो।
गंग जल सी जान दो।।

विहंग को उड़ान दो।
निष्प्राण को प्राण दो।।
एकता का मंत्र दो।
सुपुत्र भाव तंत्र दो।।

निर्झरों को वेग दो।
अवाध गति नेग दो।।
परोपकार सुर दो।
निस्वार्थ मधु मधुर दो।।

भृंग को पराग दो।
भिन–भिन सी राग दो।।
अनल समान अंग दो।
झुण्ड सदृश संग दो।।

पवन को आनंद दो।
तूफान सी कंद दो।।
समर्थपन की शक्ति दो।
योगी सी विरक्ति दो।।

भानु को ऊष्मा दो।
ज्वाल सी आत्मा दो।।
निडर को सम्राटपन दो।
सम व्यवहार गुण दो।।

नभ को संयुक्त पन दो।
सहिष्णु उपयुक्त तन दो।।
रजनी सी शान्ति दो।
विवस सी अशान्ति दो।।

महि को क्षम्य भाव दो।
नंदन सा रम्य रव दो।।
धीरता सी लय दो।
हृदय उदारमय दो।।

क्षितिज को मिलाप दो।
विरही सा ताप दो।।
दिगन्तरों सा संग दो।
प्रीति सी उचंग दो।।

प्रकृति को जागृति दो।
मातृ सेवा स्मृति दो।।
प्रलय सी बहार दो।
अहि सी फुसकार दो।।

भ्रातृत्व का घोल रस।
पियो मिलि एकता रस।।
सभी को गले लगा।
परिजन सा हो सगा।।

दुन्दुभी बजाओ सब।
संगठन बनाओ अब।।
एक हो बढ़ाओ पग।
सोच अवनि धरो डग।।

तन संभाल के डटो।
न कभी पीछे हटो।।
गर्जना सिंह सी करो।
अग्नि फुहार सी झरो।।

प्रचण्ड प्रलय से बनों।
समरस अग्नि से बनो।
मध्य नभ के रवि बनो।
यमदण्ड सी छवि बनो।।

गगन सिर ताज बनो।
यश की आभा बनो।।
ब्यूह ग्रहों सा बनो।
समूह वन सा बनो।।

विमल निर्झर से बनो।
धवल चांद से बनो।।
धीर अवनि से बनो।
गम्भीर सिंधु से बनो।।

वीर काल से बनो।
तीर अनल से बनो।।
निडर मेघ से बनो।
कटु कृपाण से बनो।।

ऐसे शूर पुत्र बन।
त्रिनेत्र से विचित्र बन।।
सिंह से टूट पड़ो।
अरिदल में घुस पड़ो।।

अरि गर्व को जला दो।
श्मसान घर सुला दो।।
अनल हाथ पकड़ लो।
लोहे सा जकड़ लो।।

पगों को उखाड़ दो।
हाथों को तोड़ दो।।
नयनों को फोड़ दो
जीवित ही गाड़ दो।।

विजय का घोष करो।
चर अचर रोष भरो।।
आश के हृदय सुमन।
बहाओ मलय पवन।।

जागो सुन शंखनाद।
चमको बन विवस्वान।।
तम में प्रकाश भरो।
माँ का श्रृंगार करो।।

"जगराम" सम्मान दो।
अखण्डता दान दो।।
गिरि सा अभिमान दो।
महानता भान दो।।

◆◆◆

सन्देश

मेघो सब सच सच जा कहना।।

नील गगन के तम भीमकाय।
स्वच्छन्द खग से गतिमान धाय।।
मेरे हृदय के दुलारों को।
आशा के धवल सितारों को।।
मेरा सन्देश सुना देना।।

जी में उपकारी व्रत रख कर।
निस्वार्थ भाव हृदय में भर कर।।
गति श्रेष्ठ गरुण की गति जाना।
गिरि झुरमुठों से न टकराना।।
डगर थकित भाव ले न रुकना।।

जाओ करुणा के द्रवित मीत।
लेकर जीवन के आर्त गीत।।
मन के सब स्वार्थ भाव तज कर।
हृदय में परोपकार भरकर।।
परहितार्थ नित जलते रहना।।

जाकर कह देना लालों से।
कर लें खेले अब भालों से।।
तेरी माँ का तन हथियाया।
गोदी रख अरि यह लहराया।।
अब शील को न लुटने देना।।

निर्लज्ज दुस्साहसी शासक ने।
केश पकड खींचा राक्षस ने।।
अपमान नीर की सरिता से।
धोया मुख कलुषित क्षुधिता से।।
अपमान न अब होने देना।।

महि पर जर काठ भांति खींचा।
बेशीले हाथों से कींचा।।
कंटक कंकडों पर लुढ़काया।
आहत की चाह बन रुलाया।।
पग ठोकरें न खानें देना।।

बेसुध पावन तन की साया।
जीवन की शोक निहित दाया।।
क्रूर प्राचीरों की निर्दयता।
दृग के आसुओं की तन्मयता।।
जीवन सुमनों सा कर देना।।

केशों का सीधापन बिखरा।
नयनों का उज्ज्वलापन उतरा।।
अधरों की रक्त आभा खोयी।
हिय की पुलकित वसुधा खोयी।।
तन गति के हिय को सरसाना।।

खिंच गयी तन की शान सारी।
वेश्या तन सा किया उघारी।।
अपनें मन की फुलवारी में।
फंसाया तन लाचारी में।।
धवल गरिमा न जानें देना।।

ले असि डरवाकर धमकाकर।
जीवन को अपने वश में कर।।
कजरारे मेघों के दल में।
दबाया निशा के दल–दल में।।
परवश फंस न रोने देना।।

लहू रंजित आहतमयी तन।
लौह जंजीरों से कसा बदन।।
हथकड़ी बेडियों के जबरन।
पहनाये गहने पुलकित मन।।
पावन तन न बंधने देना।।

निर्मम करों से जबरन घसीट।
डाला कारा में ठोंक पीट।।
घुट-घुट कर जीवन जीने को।
बिबस किया नीर बहाने को।।
बेवसी में न जीनें देना।।

अनाथिनी सा असहाय किया।
टुकड़े-टुकड़े को तरसाया।।
उज्ज्वल सिंहासन से गिराया।
खुरदरी धरित्री पर सुलाया।।
मन दीप लौ न बुझने देना।।

कह देना समझा समझा कर।
हिय में करुण आवेश भरकर।।
आततायी के संरक्षण में।
रोती है माँ कारा तन में।।
जननी की सुधि तो ले लेना।।

संदेश पाते ही चल देना।
आ पानी जननी ढिंग पीना।।
पल भर न पंथ विराम लेना।
आलस्य का सुखद धाम तजना।।
सपूत भाव नित हृदय रखना।।

हे तात! विलखती है पल पल।
धधकता हृदय हो आज विकल।।
तेरी नित सुधि आया करती।
सिसकियां मार रोया करती।।
आ सत्वर धीर बंधा जाना।।

माँ का सुहाग है उजड़ गया।
है गंगताल सा सूख गया।।
हिय ले उदासी सो गया है।
अचेतनता हृदय हो गया है।।
शिख ताज लाज का मन रखना।।

बेंदी की मलहीन चांदनी।
बन गयी है वैधव्य रागिनी।।
शशि सी कांतिहीन हुई है।
दुख के सन्मुख विलीन हुई है।।
घन की दामिनि सी झलकाना।।

आंसू निर्झर सदृश झरते हैं।
ममत्व उदर को रिक्त करते हैं।।
रो रो कर जीवन जीते हैं।
दृगों को सताया करते है।।
निर्झर सदृश न झरनें देना।।

अधरों की मधुमयी अरुणिमा।
बदली है ढक अमा कालिमा।।
लेप हो गया है विषाद का।
ढेर जमा है पंक गाद का।।
अरुणिमा को न छिपनें देना।।

मुखमण्डल हुआ है पीत वदन।
रोता है तज नूतन नंदन।।
जली राख सा ढेर हुआ है।
मरे व्याल सी खाल हुआ है।।
मानस को न सूखने देना।।

रो-रो कण्ठ अवरुद्ध हुआ है।
विवस ग्रहों सा विक्षुब्ध हुआ है।।
मरघट का विश्रांत हुआ है।
विकल पथिक सा क्लांत हुआ है।।
कण्ठ सोम धार बहा देना।।

अस्ति घाटों की नौका यात्रा।
बन गयी है लघु दीन पात्रा।।
पीपल पत्ते सी कंपती है।
लहरों में डगमग करती है।।
घाटों को न उजड़ने देना।।

उदर की उन्मुखीतम महागर्त।
छजती है सिन्धु सी निमग्न पर्त।।
पल सिकुड़ सिकुड़ कर रोती है।
खाड़ी स्वरूप घर सोती है।।
मन अधः भाव न आने देना।।

हाथों से लहू टपकता है।
अवनी पर टप–टप गिरता है।।
हथकडियां लहू चूंसती हैं।
कंगनों की शोभा हरती हैं।।
हथकड़ियां मत छजने देना।।

झिरता जो रक्त कलाइयों से।
छितरायी विच्छिन्न धमनियों से।।
रह रहकर प्राण खींचता है।
बदन को अरक्तमय करता है।।
अनाथ बन मत बहने देना।।

बेडियां पगों में शोभित हैं।
निर्ममता अमिय से पोषित है।।
सहस्रफणी अहि सी लिपटी है।
मानो शिकार पा झपटी हैं।
अहि सी चाल न चलने देना।।

जलता है नित बदन कष्टों से।
विह्वल है जीवन पल दुष्टों से।।
पतझड़ ऋतु सा कुम्हिलाया है।
ग्रीष्म निर्झरणी बन सोया है।।
दुखिया बन मत रोने देना।।

रिपुवर की निर्दयी कारा में।
अपमान तिमिर सी धारा में।।
सुत! हो विकल छट पटाती हूँ।
बिन नीर मीन सी जीती हूँ।।
मीन सी गति न होने देना।।

शासन के दुर्बुद्धि शासको ने।
अनुशासन के कुपोषको ने।।
निज ग्रह वंदनी बनाया है।
अंधकार घाट सुलाया है।।
दु:साहसी कुकृत्य मिटा देना।।

न्यायालय के निरीक्षको ने।
धर्मालय के पर्यवेक्षको ने।।
सत्य को दोषी ठहराया है।
पिंजड़े का कीर बनाया है।।
मनमानी मत फलने देना।।

ऊँचे से नीचे तलक संत।
सारे बन गये हैं घृणित पंथ।।
सबनें की है छीना झपटी।
बन मलिन दुराचारी कपटी।।
सबके अभिमान मिटा देना।।

अब अटल सहारा तुम्ही हो।
रजनी के तारा तुम्ही हो।।
आशा का दीप जला जाओ।
हिय की सब अनल मिटा जाओ।।
मलय सा बदन महका देना।।

जननी के उर के आशखण्ड।
पछुआ पवनों से प्रलय-प्रचण्ड।।
जननी मन कुंज खिला जाना।
सपूत सत् कर्त्तव्य निभा जाना।।
आशा के गगन सत्वर आना।।

ओ लालन मत सोते रहना।
सुख में मुख मत धोते रहना।।
आ माँ का शील बचा जाना।
"जगराम" कुचाल मिटा जाना।।
सत्वर छुटकारा दिला देना।।

◆◆◆

सावन

तन से पुलकित मन से हुलसित,
आनंदित नित नंदन जीवन।
प्रेरणा स्रोत नंदनीय स्तोत्र,
धवल नेहमयी हरित सावन।।

डंका बाजा दसों दिशाओं,
के अंत: उर में जागृति आयी।
हरीतिमा का सारंग लेकर,
सावन की नव छवि झलकायी।।

उगा भोर का आनन्द भानु,
तन दुखियारा तन कुम्हिलाया।
मिट गयी ग्रीष्म की तमक घनी,
नीर क्षुधित मानस सहलाया।।

खुल गये नेह के सकल द्वार,
तृण तृण सब हिय से लिपटाये।
तज बैर भाव ले साख्य भाव,
समत्व अश्रु अवनि पर ढरकाये।।

भगिनी बयार कर ले राखी,
निज नेह थाल में रख धायी।
उर प्रीति पुंज की जला बाती,
रक्त कुल भाई के तिर आयी।।

गृह के कोने कोने ढूंढा,
पर नहीं लखायी दैव्य मूर्ति।
थक चूर हुई विकला अखियां,
वर मन तृषा की न हुई पूर्ति।।

तनु निरख उन्मुख विकल भगिनी,
रवि श्रवण तट आ फुसफुसाया।
मत हो अधीर उर धरो धीर,
जनु मातृ नेह अति उमड़ाया।।

भाखा धीमें बच दाब दाब,
तम पट से मानस कर उघार।
भेटेंगे सजल अवनि अम्बर,
जा भायप के आंगन विहार।।

पल दीर्घ ऊष्ण स्वासें ले ले,
घबरायी सरिस हांफती हो।
रवि मध्य दिवस की कमलिनी की,
संदेह छबि बन घूरती हो।।

दुर्दिन की निठुर जंजीरों की,
बाहों में फंस नित जीता है।
नाकानंद तज जन जीर्ण वस्त्र,
घृणित नर्क उदधि बिच रोता है।।

निरखो जा दलित रसातल में,
परिजन सिसकियां भर रहा है।
निज रक्त सिंचित मृदु लताओं की,
शाखा गहनें उझक रहा है।।

त्याग आशाओं का स्वर्ण ताज,
बन पंक प्रवासी जकड़ा है।
प्रभात इंदु की मलिन प्रतिमा,
भांति जिसका मलिन मुखड़ा है।।

हेरते वाट दृग पथराये,
पर परिजन दांव नहीं देखी।
मनमार हुआ अब मोह विलग,
थका अनाथ जान विधिलेखी।।

पहुंचा था ग्रीष्म खण्ड में स्वयं
तब उसनें व्यथा सुनाई थी।
महास्वारथी परिजनों के प्रति,
निज भाव सरिता बहाई थी।।

जल बिन्दु झरा यों रोया था,
ज्यों मत्त कुंजर पग रौंदा हो।
अनल नेह नीर की वत्सलता,
बिन ज्यों शुष्क विछिन्न घरौंदा हो।।

स्वयं तरसा था पंक तन पर,
निज दन्त तले तर्जनी धरकर।
खोया था पल अगाध सिंधु में,
भावों की तरनी पर चढ़कर।।

निरख असंख्य घाव वक्षस्थल पर,
कुसमय के जघन्य प्रहारों के।
झेंपा था पल भर अजित वदन,
टिक सका न दृग आकारों के।।

सुन तात बहन की करुण कथा,
आंसू झर-झर कर ढरक पड़े।
झरने की भांति लड़खड़ाकर।
नेह नीर ले दृग पौर खड़े।।

बैधव्य नारि की बिरह भगिनी,
हो अनाथिनी सी विलखायी।
बेचैन लड़खड़ाये स्वर में,
पथिक के पग में गिर चिल्लायी।।

धिक्कार मुझे निज जीवन पर,
जो अब तलक न सुधि ली मैने।
आज आयी नेह बंध लेकर,
सजा हिय थाल में नव सपनें।।

पर आकर क्या देखा मैंने,
कुछ नहीं बखाना जा सकता।
आयी थी सींचने कुंज को,
पर भूली नेहू विपिन क्षुधिता।।

तनि करो नहीं अब विलम्ब तात।,
अबला का जी घबड़ाता है।
अबिलम्ब करो प्रस्थान निज संग,
मन हो अधीर अकुलाता है।।

ले चलो मुझे भाई के तिर,
गाढे में हाथ बटाऊँगी।
क्या सोच रहा होगा कुल जन,
जाकर उर धीर बधाऊँगी।।

होकर अनुगामी तम पथ में,
स्वयं निसंकोच सरपट आओ।
कर ज्योति मुख पंथ प्रशस्त करता।
निज मान तात-तनि शर्माओ।।

सरपट मग में पग धर धर कर,
पल बीत नग्न तरु तले आयी।
तात की लख रक्त रंजित काया,
महि हिय गिर फूट-फूट रोयी।।

कर थामा पुञ्ज अपरिचित ने,
अपनाकर हिय से लिपटाया।
तात भांति दे अति मधुर नेह,
आश्वस्त कर सब विधि समझाया।।

करुणा की करुणमयी सिसकन,
की ध्वनि जब कानों में पहुंची।
झट घायल बन्दी उघार नयन,
लख छवि से हिय बगिया सींची।।

पुनि चीख पड़ा ऊँचे स्वर में,
बह चली सरिता सी अश्रु धार।
बहना-बहना कर बोल पड़ा,
कर विलग झट तम सिंधु के पार।।

इतना क्यों विलम्ब किया तूने,
केन्द्रित थीं तुझ पर आशायें।
दुर्गति क्या असह्य हो गई आज,
तन रही शेष अस्थि प्रतिमायें।।

कोई न आये कुल सगे जन,
दिखाई न आकर पलक झलक।
जीवन मुक्ति की क्या बात अहो,
की होगी न मन कल्पना तलक।।

स्वयं कितनें कंटक पंथ लखे,
इस अस्त दिवाकर के अजिर में।
जाने कितनी ऋतुयें देखीं,
पतझड़ की निज रक्तिम रुधिर में।।

खोकर चेतना विकल होकर,
पागल सी दौड़ पड़ी बहना।
अपनी जननी के आनंद को,
हिय में चिपका रोयी बहना।।

हो गयी पुनि एक रक्तिम काया,
जैसी थी गर्भ में जननी के।
वर्षा के नीर रज से एक हुए,
मिल युगल बने रंग रजनी के।।

चुचुआते घावों के ऊपर,
अपनी सीरी करतल फेरी।
कजरारे नयनों की धुन को,
दी अवरुद्ध होने की भेरी।।

आश्वस्त किया सहला-सहला,
वारिस के शशि को हिय रखकर।
वर आशीष बचन दे मुक्त कण्ठ,
अभय झरने सी निरत झर-झर।।

मज्जन करवाया नेह जल से,
वियोगिनी चकवी सी हो उत्फुल्ल।
नूतन परिधानों से ढक तन,
आसीन किया हिय अजिर प्रफुल्ल।।

पुनि नेह सूत्र कर बांध पुलक,
चखाया कुलत्व का सोम पान।
काटी बेडियां उपेक्षा की,
ताना हिय पुर मैत्री वितान।।

बह निरत प्रलय की धुंधगति में,
सर हिय सोखा दैन्य पंक दल।
पुनि भरा मानस का धवल सत,
छितरायी फूलों के हिय स्थल।।

बहादी वसन्त सी तरुणाई,
उजड़े वसन्त को हंसाने को।
पूर्ववत विंहसे उपवन सा,
खिलाया दे सुमन सीने को।।

बोला वाणी रवि अमियमयी,
क्यों करती अनिल विलम्ब यहाँ।
चलो पंक गले तिमिर दल से,
अनल रहा न जाता पल यहाँ।।

धीरज बटोर तन थाम थाम,
कर युगल बांध बोली वाणी।
पगहीन-पंखहीन तात को,
ले चलें सत्वर युगला प्राणी।।

तनिक बिलमें झट प्रस्थान किया,
रख भार तात का कंधो पर।
डाला नंदन के आंचल के,
अक्षुण्य आनंदमय स्कंधों पर।।

आश्वस्त किया दे आशीर्बचन,
आजीवन तलक सुमन रहना।
अखण्ड रवि से नित हंस-हंस कर,
सकल हित प्रगाढ़ नेह रखना।।

कोई भी जगत सुता होवे,
देना उर आसन दीप मान।
उसकी धवल अस्मिता की रक्षा,
करना करतल रख प्रतिम प्राण।।

मन कभी न लाना अभद्र भाव,
न खोदना गर्त ऊंच नीच की।
निज-पर में मत करना अंतर,
समझना सतह हृदय बीच की।।

हम जाये सब एक माँ के हैं,
तन में न है कोई रक्त भेद।
स्नेहमयी कुलत्व भाव उर रख,
वरतना न मन लाना विभेद।।

सन्मुख शत प्रमाण तात का है,
जो थे प्रथम अजान बटोही।
मेरी विशोक तन गति विलोक,
ढिंग आ पुरई थी मन चाही।।

हिय से सटा थप सहला मुझे,
दिया था तात सा मधुर नेह।
पुनि-पुनि बहना बहना कहकर,
आसीना था निज हृदय गेह।।

इतना उपकार किया भइया!,
सगा न जितना कर सकता था।
अपनी परमार्थमयी अंजुलि से,
पर चैन न उर भर सकता था।।

जिसने निज नेहमयी जल से,
पतझड़ की बगिया सींची थी।
मेरी दुविधाओं की सारी,
मेरे तन से झट खींची थी।।

निज मान मुझे छोटी भगिनी,
दुलराया था पल्लवित कर से।
मधुर स्नेह दे तात अग्रज सा,
दिलायी थी मुक्ति शोक पुर से।।

हे तात! तुझे उबारनें का,
पूर्ण अभिन्न श्रेय तात को है।
ज्यों सुमनों को विकसित करने,
का होता श्रेय प्रात को है।।

गाढ़े के प्रगाढ़ मीत तात,
तुमनें तो ऋणी किया मुझको।
निज नेह युक्त सावन वर्षा से,
झुकाया मेघ सा जगभरको।।

स्वयं कभी न विस्मृति कर सकती,
हे तात! तुम्हारी कृतज्ञता।
युग-युग मेरी बच गायेगी,
हे तात! तुम्हारी महानता।।

हे तात तुम्हारी अमर रहे,
दिनकर की सी अरुणिम आभा।
उपकार दीप को चमकाती,
रहे तेरी सदा नेह प्रभा।।

तात! शीत रहो शरद शशि से,
रहो जलते बलय पतंग से।
रहो मधुर सतत सोमरस से,
रहो कटु-कूट दन्त भुजंग से।।

बांधव पन की साकार मूर्ति,
बन जग को करना आलोकित।
सावन की उपवन मलिका बन,
खिले पुष्पों सा रहना प्रमुदित।।

ठहरो बहना! सब दे डाले,
अपने उर के आशीषों को।
इस योग्य नहीं यह भ्राता है,
डालो न हार अब शीशों को।।

रोको मत मुझे आज दिनकर,
जो दूँ सहर्ष शिरोधार्य करो।
अपनी छोटी बहना के बच,
की निर्झरणी को न बाध करो।।

बड भागिनि है तेरी बहना,
तात! तेरे सा तात पाकर।
धन्य-धन्य किया अपना जीवन,
तेरा नेह युक्त अमिय पीकर।।

सकुचाता शर्माता सिर झुका,
बोला जर्जरित कृश तन वाला।
क्यों डाल रही हो ढार-ढार,
पुनि भगिनि विवश्ता का ताला।।

जब तक काया कान्ति रहेगी,
तब तलक न पल विसराऊँगा।
आठोयाम कृतज्ञता की सेज पर,
लुढ़क दयार्द्र गान गाऊँगा।।

हर पल तेरी कुल अपनत्वयुक्त,
तब मुक्ति की महिमा गाऊँगा।
निज धवल विमल मानस उर में,
सुधियों के हंस तिराऊँगा।।

अब वियोग की सहमति देकर,
प्रस्थान हितार्थ झट बाध्य करो।
भइया निज प्यारी बहना के,
हृदय अक्षुण्य नेह अगाध भरो।।

जी नहीं चाहता है बहना,
कि एक पल कर दूँ दृग ओझल।
तेरी उपकारी मधु सूरति,
की छवि दृग तले रहे हर पल।।

भगिनि टलोगी नेह तोड़ मन,
बिन नीर मीन सा तड़पेगा।
प्रति पल झरने सा झर झरकर,
अश्रुओं की धार बहायेगा।।

मत बाध्य करो हे तात! नयन,
आवागन तो अखण्ड क्रम है।
कोई न जगत में डट सकता,
यही तो मनुज का व्यर्थ भ्रम है।।

अब तात भगिनी जाती तेरी,
वत्सला नंदनमय अजिर तजकर।
अश्रु सत–वियोग में टपका कर,
ज्यों खिसके रजनी रो–रो कर।।

पर विनय सतत उर में रखना,
भइया निज छोटी बहना की।
सावन सा मधु सत बरसाना,
हर सावन सुधि कर बहना की।।

स्वयं रहूँ या न रहूँ जगमें,
पर सावन तो आयेगा ही।
पर–ललना को ही मान भगिनी,
विश्वस्त हूँ निज नेह देगा ही।।

हर्षित हो निज कण्ठ लिपटाकर,
झुलाना प्रफुल्ल हिय के पलने।
बंधवाना नेह सूत्र कर में,
बनकर ममता के दिव्य ललने।।

करना रक्षा हो दृढ़ प्रतिज्ञ मन,
निज प्राणों को करतल रखकर।
गगन मध्य भानु सी छबि बनकर,
दहलाना अरि का हृदयाम्बर।।

करुणा की दयार्द्रमयी वर्षा,
करना दुख लख मानसतल पर।
झरने सी निर्वाध झड़ी लगा,
मेलना कंठ मोतिन झालर।।

मैत्री की सुरसरि सी धारा,
प्रवाहित करना हिय नंदन में।
धवल हंस–पांति अरुणिम पंकजों,
को तिराना सजल आनन में।।

मुदिता की कान्ति युक्त तरनी,
को विहारना पुहुपों के सिर।
सजाना पुनि–पुनि सुनयनों को,
लगा प्रसूनों का मलय रुधिर।।

उपेक्षा कीमत अपेक्षा कर,
सतत बरसाना नेह बादल।
लगाना कंठ रवि तात बनकर,
जो परिजन रौंदे हों पंकदल।।

सावन से हर-पल मुस्कुराकर,
भरना थार हिय नित फुल्ल छटा।
बरसाना नेह सजल बदली,
नित सावन की बन नेह घटा।।

हिय पटल रहेगी सदा अंकित,
नेह सुता तेरी मन चाही।
खेता रहेगा भाव तरनी,
नेह उदधि में अनुचर राही।।

लेता हूँ शपथ गंगसुत सरिस,
पावन व्रत पालन करने को।
आजन्म बाध न होंने दूँगा,
तेरे मूर्त झरने को।।

कभी न हठात आनें दूँगा,
अमा को पूर्णिमा की कुटिया।
ज्योत्सना को न रोने दूँगा,
बनकर अनाथिनी सी दुखिया।।

निशि वासर की हर घड़ियों में,
बरसाऊँगा नित नेह नीर।
जर्जर विदीर्ण मृतप्राय हिय में,
भर दूँगा पीयूषी समीर।।

हरित सावन सा-रंग सा-बन,
हृदय सावन सा रंग दूँगा।
पतझड़ के शोकमय वदन में,
मानस के पंकज भर दूँगा।।

तब गद्‌गद हो सकल वसुन्धरा,
पुहुप वाटिका सी विहंसेगी।
भाई-बहिन की आत्मीयता,
की नेह समीर बहायेगी।।

लाचार करेगी सावन को,
हर पावस पुनि-पुनि आने को।
वियोगिनी वसुधा अंबर के,
व्यथित हृदय को हसानें को।।

हे सावन हरित नाव लेकर,
"जगराम" घाट आते रहना।
भइया-बहिनों की चाहों को,
नेह सिंधु मध्य तिराते रहना।।

◆◆◆

बीज

।।उठो युगदृष्टा आलस्य तजकर।।

ऊषा रानी अरुणिम चादर।
नवल तन ओढ़ बिचरे बाहर।।
मुस्कान संवारे अम्बुज अधर।
मचले हरीतिमा के मुख पर।।
उर ले विहान की तान मधुर।।

काले भुजंग से लटवाले।
बिखराये शिखा केस काले।।
हिलते डुलते व्याल रूप से।
लगे मतवाले मधु भूप से।।
फुंसकारें जोशीले स्वर भर।।

दृग में अनंग छवि मदमाती।
जलाये प्रणय की मधु बाती।।
चितवन की उन्मत्त मराली गति।
लजाये वसंत की मलिका रति।।
रजनी का निरखे सुषुप्त प्रहर।।

मुख परिपूरित पय मानस सा।
आह्लादित हिय से पावस सा।।
धवल हंसों की अगण्य कतारें।
खिले पंकजों का हिय विदारें।।
कहर ढाये बन मद मक्त कुंजर।।

युगल कपोल लहूवर्ण पतंग।
अनल पुंज से तपित प्रलय रंग।।
मध्य दिवस की सी ज्वलित काया।
अनंग सी मन हारी माया।।
जग सागर घोले मोह रुधिर।।

हृदय समेट प्रसून प्रासाद।
करे धरा मलय से आबाद।।
बहाये पतझड़ आनन वसंत।
बन वियोगिनी का प्रणय कंत।।
तृण तृण का हंसाये हियाम्बर।।

पग जड़ित जड़ाऊ नट नूपुर।
झंकारें भुवन हिला मधुस्वर।।
सुना तान लुभायें जग पटल।
भरे अंधकार उदर हलचल।।
प्रकृति के रगों में सचर अचर।।

नवल–मृदुल मधु सी बाहों से।
आत्मीय युत नेह चाहों से।।
पल्लवित करतली थपेड़ों से।
थप थपाये नखशिख फुणों से।।
भगाये दृगों के तम अनुचर।।

प्रकृति के लोचनों के तारे।
अरुणा को निरख जगे सारे।।
बन मधु ऋतु के मयूरनायक।
चलाये हन हन सुमन सायक।।
सज धज नाचें खुशियों के घर।।

नव ऋतु की रति कोकिल काली।
तन से काली मनसे उजली।।
बोले अमिय से सनी वाणी।
खींचे जबरन अम्बर दाणी।।
मोहे त्रिचरों के मानस घर।।

फुदकनें लगी तरुबाहों पर,।
खुशियां बांटे हर राहों पर।
पथ हेरे नव आगन्तुक का।
सन्देशा दे चैतन्यच्युत का।।
अमिय नीर भरे उर ग्रीष्म सर।।

राग मूर्ति त्रिचर विहंग पुंज।
त्याग शयन शैय्या विहरें कुंज।।
छोड़ निशा का अगाध प्रसाद।
भरे तृण–तृण श्रवण भोर नाद।।
निदराये नयन भरे पर स्वर।।

हरित विपिन के फुल्ल उन्मत्त विटप।
नाचे करतल स्वर कर छप–छप।।
सुधि–बुधि खो मन अनुराग पगा।
झुक पग से निज सिर लगा–लगा।।
पुनि–पुनि आलापें सातों स्वर।।

बहुरंगी अमल परिधान पहिन।
नख शिख संवारे मोती तुहिन।।
लोचन ललक काम ललना सी।
मन की लगन सतत झरना सी।।
मत्त झूमे हरियल सारी धर।।

सुमन अंगड़ाई ले मुस्काये।
अधरों पर मलय गन्ध लाये।।
हिल डुल अनुरागी तालों में।
पुलके सुख–दुख भूचालो में।।
नयनो में अनल पुंज भरकर।।

सुरभित बयार के झोंको से।
किसलयी पंखुड़ी नोकों से।।
बन दासी अदय मलयानिधि के।
अनुचर बन मधु ऋतु की सुधि के।।
जल-थल महकाये पसर-पसर।।

गहन नत उन्नत भू कूलों में।
नित निष्कंटक विहरें शूलों में।।
मृदंग सी कल-कल तानों से।
विन्दु कुल के उन्नत गानों से।।
अवाध प्रवाह से बहें निर्झर।।

गगन शिखा के बौर-बौर को।
उझकें पानें सुरम्य ठौर को।।
रमा मन सक्रियता की धुनि में।
उत्कट आश ले हृदय अवनि में।।
प्रगति पथ चढ़ें नित पुलकाकर।।

प्रणया अरुणा को पाने को।
बिरहा हिय से लिपटाने को।।
आहुति दे निज के प्राणों की।
स्वीकारें शय्या अहि फणों की।।
गर्त मुख में गिरें लड़खड़ाकर।।

शिख उन्नत कर व्योम राहों तक।
फैलाकर चतुर्दिक बाहों तक।।
स्वाभिमान की ले गुरु स्वासें।
बन अपराजय की उच्छ्वासें।।
अपलक निरखें अंगड़ाई भर।।

चित बल चाल अनल ज्वाला सी।
निर्भीकता पाषाण शिला सी।।
खड़े ऊर्ध्वाधर सजग प्रहरी।
ओढ़ सजगता की पाटम्बरी।।
पंजनि वल उझके मुदित होकर।।

अमला धवला तन सरितायें।
बन वाल वसंत सी लतायें।।
नयनों की नटी मयंक मुखी।
मन चहेती मधु मलिका सखी।।
गति चले मराली इठलाकर।।

मधुशाला की बालायें बन।
कूलों में टकरायें प्रतिक्षण।।
करतलियों की छप-छप ध्वनि से।
इठलाये कामिनी अवनि से।
पग धरे डगर पर बलखाकर।।

तम विपिन की अगम गलियों में।
स्वच्छंद बहें विजन नालियों में।।
निश्चिंत बला के त्रय तापों से।
क्षुब्ध न मन पलक अनुतापों से।।
हर्षित हो रमणे व्याल हिय पर।।

अम्बर तन धर लोहित अम्बर।
बन समरस्थल का अनल मंदर।।
उपेक्षा की तरणी का पथिक।
निर्मम सारंग सा क्रूर बधिक।।
त्रिवदन संधानें पावक सर।।

अटल चिर दिग्विजयी उत्कंठा ले।
उदय-अंत नौ निधि कण्ठा ले।।
अखण्ड तल के स्वच्छन्द सम्राट।
नयनावरोध तक बन विराट।।
लोचन घूरें अनल ज्वाल भर।।

मलया गिरि की सुरभित समीर।
भूगात डाले मलय अवीर।।
चले उन्मादिनि बन झूम झूम।
प्रेमालाप करे चूम-चूम।।
हिय मारे सुमन तीर कसकर।।

मंद मंद झोकों के लय से।
सुखकारी प्रणय स्पर्शी पग से।।
झकझोर समाधि अविचल पथ।
ले जाये अनंग के इन्द्रप्रस्थ।।
पथ भ्रष्ट करे सुरपरी बनकर।।

लघु दीर्घ प्रकृति हियतात उडगण।
घन दामिनि से विहंसे प्रतिक्षण।।
तरनि तरुणाई तन ताज धर।
उल्का सी प्रफुल्लित हिय ना भर।।
खडे दिवस गृह नख शिख सजकर।।

परिधान पहिन निज-निज मन के।
अनल-अनिल के आनन के।।
अपलक लोचन प्रतिमग जोहें।
उमगत षटऋतु छबि से सोहें।।
सुमन तुल्य झरे तन उमगा कर।।

कण्ठ फाड़ मन ला-ला टेरें।
दृग विछा आगमन पथ हेरें।।
तज समाधि समाधिस्थ युगद्रष्ट।
लखो शिशिर बन वसंत चेष्टा।।
झरो सावन के मेघ बनकर।।

पतझड़ का शासन कानन में।
लिपटा प्रलयाग्नि बन बदन में।।
नयनों का निर्बाध निर्झर निलय।
हुआ अनल मुख मानस का पय।।
तन कांपें पीत पात बनकर।।

मूर्त-अमूर्त-चेतना अस्त्र शस्त्र।
कर ले उठे ओढ़ अभेद्य वस्त्र।।
पुष्प सा खिला चर-अचर नस-नस।
हिय से विलग कर उपेक्षित रस।।
झूमे मत्त अहि का फण बनकर।।

पेक्षित समझ न सो पगतान।
पौर बीच खड़ा अतिथि विहान।।
पग तले दबा नीरव शव को।
पंकज सा करले करलव को।।
जागो रजनी सजनी तजकर।।

सागर की अगम्य गहराई।
नभ की नभचुंबी ऊँचाई।।
महि का धीर रवि विधु की प्रभा।
अनल अनिल अम्बु की समर्थ विभा।।
हो तात! उठो तज आलस्य पुर।।

गात प्रलयंकारी अंगड़ाई।
मध्य दिन–दिनकर सी तरुणाई।।
पग में प्रचण्ड तूफान वेग।
हिय सुरसरि सा ज्वार आवेग।।
ले उठो! ओढ़ रवि सा चादर।।

गर्वोन्नत शीश गुरू नगपति सा।
मणिमय रजत ताज निशिपति सा।।
स्वतंत्र गगन सी आकांक्षायें।
निष्कंटक रवि सी अपेक्षा में।।
ब्योम तिरो उच्च तरनी बनकर।।

दृग में प्रचण्ड पतंग काया।
उत्तेजित अरुणिम अनल साया।।
अपलक विषुवत सी तपन पुंज।
मृतप्राय मलिन मुख सुमन कुंज।।
तिमिर हेरो हिरण्यगर्भ बनकर।।

पन्नग सी चंचल स्वादेन्द्रिय।
विकराल काल सी जितेन्द्रिय।।
तनु महा प्रलय की सी प्रतिमा।
ज्वाला की सी ज्वलंत आत्मा।।
बन शून्य करो काली बनकर।।

श्वेताम्बर सी धवल–दंतियां।
हिमशिल खण्ड सी अगण्य प्रतियां।।
पयमय मानस के हंस वंश।
से अम्बुज जीवन करें विध्वंस।।
दुति चमको घन चपला बनकर।।

कंठ मणिमय अनमोल झालर।
नंदन प्रसूनों से गुंथी दुलर।।
मंजरियों से नस-नस सुसज्जित।
पराग कणिकाओं से शोभित।।
पहनो विषाद के अरि बनकर।।

सरिताओं का पीयूष नीर।
हरी दरी से रम्य युगल तीर।।
अगण्य रंगी तनु तोय हार।
मुख पुष्प लडियों का अजर द्वार।।
पन्नग पिरो मलय विटप बनकर।।

कानन अजिर का हरित आनन।
भोर का पुलकित पुहुप उपवन।।
नित्य आनन्द का गंधर्व राग।
तरुणाई का मधुमय पराग।।
को समेट उमगो वक्षस्थल भर।।

जलधि का अपरिवर्तनीय अस्तित्व।
विषाद मोद वन अविचल प्रभुत्व।।
क्षुद्र अक्षुद्र हित वत्सल समत्व रूप।
उदय रत्नों का चिर अक्षुण्य कूप।।
मयनिधि रुचि गढ़ो उदर तलपर।।

गगन शिखा से अधस्थली जानु।
निदर तप्त तम नाशिनि रश्मि भानु।।
ज्वलंत ज्वाल रज से जडित गात।
क्षितिज काय वज्र की कोटि घात।।
तुल्य झट अस्थिर हो स्तम्भ बनकर।।

किसलयी नवल तरु लता पात।
परागयुत नवोदित नव गात।।
अवोध सरस शैशवानुराग।
मंदिर नैषर्गिक आनंद झाग।।
तुल्य वेश पहनो मृदुल तन पर।।

प्रज्ज्वलित अनल वलय तरुण तरनि।
महि हिय रज सम अंगार भरनि।।
प्रचण्ड पावक झंझा समीर।
हरितानन लेप अनल अबीर।।
सी प्रतिमा सी तचो प्रभाकर।।

प्रणयार्द्र सनें अवनी अम्बर।
वारि तार से कस हिय मंदर।।
सूनी कोख पूरित रत्नों से।
भाल मोद ताज धर यत्नों से।।
आह्लादित हो भेंटो परस्पर।।

कंपित कृश कुंठित सी काया।
जरा सी जर्जरित दुर्वल साया।।
निष्प्राण हिम का सुघड़ प्रासाद।
मृत्यु सरिस निर्भय शीतावसाद।।
अधः तृण ऐंठों ले हिम से कर।।

निज सहस्र कोटि कर में दिव्यसर।
लोचन में विषुवत का दिनकर।।
आनन में भयावह मेघ स्वर।
रोम-रोम में नभ तन गिरिवर।।
सत्वर ले रौंदो अरि आ समर।।

तिमिरासुर नासक अनल वलय।
कालदण्ड में कर गात विलय।।
अभेद्य अम्बर का उदर फाड़।
निशा वृंद तरु समूल उखाड़।।
अरि दलो न करो पलक अबार।।

पतझड़ के भावी स्वप्न वसंत।
निशि के सुहाग के गौर कंत।।
"जगराम" चिरायु प्रज्ज्वलित दीप।
स्वांति बिन्दु रत्न मुख ज्वाल सीप।।
प्रात! वाट जोहे अम्ब आतुर।।

◆◆◆

वेदना

राष्ट्र देव की पीड़ा पर,
पौरुष ने ललकारा है।
वंदेमातरम विजय घोष,
से गूंजा जग सारा है।।

अपलक अहर्निश वाट जोह,
आशा पुञ्ज की प्रवल टोह।।
अविचल आतुर आनन से,
करुणा राग उच्चारा है।।

ममतामय मोम बंध तोड़।
प्रीति रीति की नीति छोड़।।
धूमिल पथ से विमुख हो,
मुख पावक अंगारा है।।

राग रागिनी रजनी की।
धसक धराधर धरनी की।।
मृदु मृदंगमय मोद तान,
ताण्डव स्वर झंकारा है।।

पावस पल पावक परिवर्तन।
निरा नग्न नत नूतन नर्तन।।
ज्वलित जाज्ज्वल्य जर्जर जीवन,
पतंग पुञ्ज फुहारा है।।

आर्तमय के दैन्य बादल।
कष्ट कण्टका क्रूर दल दल।
गहन अगम्य विपिन सरिसतन,
व्याल काल फण फारा है।।

कर क्रूर बधिक काल दण्ड।
स्वच्छन्द विमुक्त बात प्रचण्ड।।
उन्मुख नाद अबाध नभ में,
ज्वाल उदर सा उभरा है।।
कपट वेशी अगणित तक्षक।
निज लक्ष्यपूर्ति के बन रक्षक।
सीमाओं की ओर लपक,
अहि दल ने फुसकारा है।।
कारा में गांधार फंसा।
परवश दल-दल वदन धंसा।।
क्रूर विधर्मी असुर बल ने,
पटक-पटक महि डारा है।।
चिराबधि की स्वर्णिम आभा।
नंदन की सी अजर विभा।।
आभूषण आभूषित तन,
पतझड़ सा तन झारा है।।
मणि निकाल अश्वत्थामा की।
अद्य नग्न उपमा आत्मा की।।
देवि! धर्म! संस्कृति के बक्ष पर,
वज्र आघात कुठारा है।।
कर्कश जंजीरों में प्यारा।
जिसके नित सुत बेचारा।।
दानव दन्त मध्य जिह्वा बन,
जीता तात! हमारा है।

दाहिर सिंधु बिंध कर दुर्दिन।
मुदित मीन विकल नीर बिन।।
अरि ने तक-तक कस कसकर,
मर्मस्थल तीर प्रहारा है।।
देव! धर्म! वदन अपवित्र कर।
निशा सा जीवन विचित्र कर।।
खण्ड खण्ड कर प्रतिमाओं के,
पग से धरणि वुहारा है।।
देवि! का सतीत्व छीन कर।
द्रोपदी सा नग्न दीन कर।।
नटि हाट की वीथिकायें,
शुचि नारीत्व विदारा है।।
जग विजयी सम्राट सिकंदर।
विलय तुहिन सा हुआ सत्वर।।
चूर-चूर अभिमान हुआ सब,
पुरु ने नेत्र उघारा है।।
शौर्य विभासे आलोकित।
शुभ्र कण के तन से शोभित।।
तन मन धन सहर्ष अर्पितकर,
जिसे रवि ने संवारा है।।
रावी तट आज रो रहा।
अनाथ सा विक्षिप्त हो रहा।।
हिंग्लाज ननकाना नें अब,
कातर नयन निहारा है।।

वाम बांह रक्त रंजित सी।
आहती धड़ से खंडित सी।।
सती के बिखरे अंगों ने,
धवल आंचल पसारा है।।
धू–धू कर जल रहा बदन,
उजड़ रहा विकसित कानन।।
मृत सरिता की कगार ने,
ओ घन! आज पुकारा है।।
प्राची परिवेश पुरातन।
दिव्य रश्मि नित नित नवनूतन।।
तरुण तरनि की तरुणाई,
सी सुप्तवाहित धारा है।।
ब्रह्मांग की असह्य क्रंदना।
निर्मोही अरि की यातना।।
शूलों की शय्या पौढ़ा,
पारा का मुख गारा है।।
ऊषा का पुलकित आंगन।
वैभव का पूरित सावन।।
कामाख्या का अरुणांचल,
अखण्डता का किनारा है।।
प्राची अंग करुण क्रदंनकर।
विलखे पल पर बंधन पर।।
अमा के अजेय शस्त्र सन्मुख,
भानु ही एक सहारा है।।

दक्षिण–वाम अंग मालायें।
मृत दिवस की उत्कंठायें।।
पट तान रो रो निहारें,
अतीत कहाँ दुलारा है।।
दिव्य नगपति तड़प तड़पकर।
अश्रु रूप में लुढ़क लुढ़क कर।।
पराधीनता की कारा,
सुख शैय्या का वारा है।।
सजग सतत रह जीवन भर।
अडिग रहा सीमा अनुचर।।
ग्रीष्म शीत तूफानों में,
सौमित्र! सा बलि हारा है।।
पावन शिव कैलाश धाम।
मानस का पर गृह विराम।।
गंगोत्री–यमनोत्री सुता,
नारायण का द्वारा है।।
नव निधियों से आच्छादित।
स्वर्गिक छटा से परिपोषित।।
निर्झर सरिस नित झर झरकर,
पल–पल जीवन वारा है।।
ऋषियों की साधनास्थली।
ऋद्धि–सिद्धि की छांव में पली।।
अशोक कुंज में सीता को,
हनुमत ही बस चारा है।।

केशर पाले कश्मीर में।
जन विकल दुर्गन्ध तीर में।।
असन्तोष अशांति नाद का,
अंध कूप गलियारा है।।
वलिदानी आत्माओं ने।
शोणित अथक शिराओं ने।।
दीपक की बाती सा जल,
गज को भव से तारा है।।
सुख समृद्धि का अक्षुण्य प्याला।
सोनें की चिड़िया वाला।।
मानस का मोती हंसा,
बक खृग सा अनुहारा है।।
स्वार्थ राग आलाप त्याग।
निस्वार्थ भाव उर ले जाग।।
निशा के सुतों के हो रिपु,
प्रभात ही आधारा है।।
हृदय में एक यही आशा।
धड़कन में एक ही स्वांसा।।
'वेदना' पल वैभव हित,
यही तुष्टि आहारा है।।
दुखी दैन्य दारुण मन से।
कृशकाय तन मेघ तनसे।।
व्यथित तप्त विदीर्ण हृदय से,
"जगराम" ने गुहारा है।।

◆◆◆

विभाजन

भारत माँ की संतानों को
आज जगानें आया हूँ।
भारत माँ के बंटवारे की
व्यथा सुनानें आया हूँ।।

अंधियारी मरघट राहों में,
प्रेम का दीप जलाया।
सुख वैभव की सावन बदली,
को हर आंगन बरसाया।।
ममता समता की मधु बाहों,
में जग को सजल समाया।
चिर करुणा की नेह सुधा से,
जीवन को दीप बनाया।।
उर धड़कन की सृजन नादकी,
तान सुनानें आया हूँ।।

मैत्री करुणा का हाथ थमा,
पथ पर चलना सिखलाया।
बेजोड़ ज्ञान विज्ञान मंत्र से,
नरकी जीवन महकाया।।
अंगाअंगी नव भाव संजो उर,
भाई चारा पनपाया।
संस्कृति गंगा की धारा को,
भागीरथ बन कर लाया।।
आत्महवन करने वाला पय,
पान कराने आया हूँ।।

अपनी स्वांसों की गति देकर,
जीनें की राह दिखाई।
सर्वस्व समर्पण कर निर्वलता को,
अविजित जग बांह बनाई।।
जबर कृतध्नता का गला घोंट,
कृतघ्नता मंद मुसकाई।
सरित की नवोत्थान डगर में,
कलुषित विषधार बहाई।।
समदर्शी समवर्ती का शुभ चिर,
भाव जगाने आया हूँ।।

समर्थ पंथ पखेरू ने धुन में,
सृजना का नीड़ उजाड़ा।
लोक लाज चीर तीर कर,
झट भरी सभा में फाड़ा।।
अगणित उपकारों को विसरा,
कपूत बनसिंह दहाड़ा।
अपमानों की गलित सलाखों,
में नव स्वप्नों को पछाड़ा।।
स्वार्थ जाल में भ्रमित पथिक को,
राह दिखाने आया हूँ।।

सावन के गर्वीले मत्त मेघ,
अवनि चाह के पंथ शूल।
मूक सूर निर्विघ्न क्रूर धूर,
प्रलय पवन के बलय मूल।।
कुसुम पग तल प्रचंड ज्वाल वाल,
प्रहर कहर मुख भीर कूल।
बासंती वेला में गोधूलि,
निस्तब्ध निर्वाक नंदन फूल।।
प्रलयंकर को छल कौशल से,
सोम पिलाने आया हूँ।

जिसको दूध पिलाया हंस-हंस,
वह भस्मासुर बन आया।
शिवा चाह में शंभु शीश पर,
कामी नें हाथ बढ़ाया।।
क्रूर कपूतों ने मानवता,
के पथ का गला दबाया।
दानवता की वेल विषैली,
का सभय तंत्र फैलाया।।
लंका पति को सनातन धर्म का,
पाठ पढ़ाने आया हूँ।।

आदि काल से ही भारत ने,
परकीयों को विफल किया।
अपने पौरुष से जगती में,
ध्रुव तारे सा स्थान लिया।।
कायर निर्लज्ज विश्वासघातनी,
पशुता का संहार किया।
बेघर परवश मानवता को,
अजरामर अटल सुहाग दिया।।
स्वाभिमान के महाघोष से,
अभय बनाने आया हूँ।।

अन्याय अधर्म और आगजनी,
की असह्य वेदना झेली।
अत्याचार और नरसंहार,
की शोणित होली खेली।।
धर्मान्तरण की काली साया,
मुख आत्महवन की होली।
अपमानों के अंगारों से,
सावन की खाली झोली।।
प्राणार्पण कर जगजननी का,
मान बढाने आया हूँ।।

घोर विपति के प्रलय काल में,
भी धीरज धर्म न खोया।
शूलों से फन वाले मुख पर,
सिसकियाँ पछार न रोया।।
टुकड़े टुकड़े हुई देह पर,
राष्ट्र का नाम न डुबोया।
जगजननी की अखंडित प्रतिमा,
को ही उर सदा संजोया।।
भारत माता के मंदिर में,
दीप जलाने आया हूँ।

चिर समाधि से भट पुरखों की,
आत्माओं ने धिक्कारा।
अपमानों के शत घाव सहे,
पर माँ का मुकुट संवारा।।
चंद्र स्वार्थ के मधु टुकड़ों पर,
अब उजाड़ा स्वप्न बसेरा।
प्रभुता की भोग लालसा में,
राष्ट्र विभाजन स्वीकारा।।
जयचंदों की करतूतों का,
रहस्य बताने आया हूँ।।

परतंत्रता की मोह निशा में,
पौरुष ने ली अंगड़ाई।
दासत्व की हथकड़ी बेड़ियां
तोड़कर जगी तरुणाई।।
नरसिहों ने विषदन्त नखों से,
शोणित की धार बहाई।
परकीयों का पूर्ण दमन कर,
रणविजय दुंदुभी बजाई।।
प्राची से स्वर्णिम स्वतंत्रता का,
सूर्य उगाने आया हूँ।

वीरों की छाती का शोणित
पी स्वतंत्रता घर आई।
प्रभुता का भोले कागों ने,
स्वप्नों की धज्जियाँ उडाई।।
सत्ता की चाह में अंधो ने,
भारत की भुजा कटाई।
विभाजन को स्वीकार वक्ष पर,
नियंत्रण रेखा खिंचवाई।।
आहत खंडित दीन हृदय को,
धीर बंधाने आया हूँ।।

भूमि मात्र का बंटवारा तो,
सहज भाव से हो सकता।
राष्ट्र द्रोह और कुल कलंक के,
लांछन से भी बच सकता।।
मातृभूमि के बंटवारे सा,
कोई घात न हो सकता।
ऐसे पापी को धरती पर,
कोई क्षमा न कर सकता।।
धूर्त सयानों नागों के विष,
दन्त तोड़ने आया हूँ।।

एक द्वार शोणत की होती,
दूजे चौखट दीवाली।
भालों की नोकों पर भोले,
शिशुओं की तोतलि बोली।।
स्वाभिमान का शील भंग कर,
अस्मिता की फाड़ी चोली।
दानवता ने मानवता की,
जीवित ही गाड़ी डोली।।
स्वतंत्रता के मद में अंधो,
को समझाने आया हूँ।।

आक्रांताओं के दल बादल,
झपटे फैला फन चौडे।
निर्भयता से भोले भालों,
के सिर टापों से फोड़े।।
सत्ता के धूर्त धृतराष्ट्रो ने,
चौपड़ के हाथ न छोड़े।
द्रोपदी की चीख पुकारों पर,
बदन पर जूं तक न दौड़े।।
सिंधु माता की गोद में लगी,
आग बुझाने आया हूँ।।

वेदों की माँ के आंचल से,
पापी ने हाथ लगाया।
पशुता की काली करतूतों,
ने इस्लामी शंख बजाया।।
अल्लाहो अकबर के नारों से,
ऐसा नरमेध रचाया।
रणवल दाहिर की छाती पर
जेहादी महल बनाया।।
गोरी, बाबर की संतानों
को दफनाने आया हूँ।।

निपट स्वार्थी सत्ताधीशों ने,
लात मार कर ठुकराया।
तुष्टिकरण के रखवालों ने,
भीषण नरमेध कराया।।
होलिका की गोदी में बैठे,
प्रहलादों ने गुहराया।
जीवित जलते देख चिता में,
फिर भी कपूत न लजाया।।
घर घर में लगी चिताओं का,
दृश्य दिखलाने आया हूँ।।

सोलह अगस्त के दिन जिन्ना ने,
जेहाद घोषणा कर दी।
सीधी कार्यवाही दिवस की,
धमकी भारत में भर दी।।
श्वांस न लेंगे जब तक तब तक
पाकिस्तान हाथ न लेंगे।
हंस के मिले तो अच्छा न तो,
लड़कर के ही ले लेंगे।।
विश्वासघाती नागों के अब
शीश कुचलने आया हूँ।।

यदि पाकिस्तान मिला न तो फिर,
छीन हिन्दुस्तान भी लेंगे।
हिन्दुस्तान की छाती पर झंडा,
इस्लामी फहरा देंगें।।
कोलकाता में काफिरों के,
विरुद्ध जेहाद रचाया।
कर में नंगी तलवारें ले,
इस्लामी कहर ढहाया।।
लातों के भूतों को लातो,
से समझाने आया हूँ।।

लूटपाट हत्या आगजनी,
बलात्कार नंगी नाची।
दानवता ने मानवता को,
जबरन लटकाया फांसी।।
जेहादी शैतानों ने जन,
जन को जीभर कर रौंदा।
गलियारों में लाचारों के,
सीने में खंजर भोंका।।
भस्मासुर को अपने करों से,
जहर पिलाने आया हूँ।

दस हजार नर नारी बालक,
सभी मौत के शिकार हुए।
पंद्रह हजार क्षतविक्षत जनता
के भावी सपने व्यर्थ हुए।।
एक लाख से भी अधिक जनता,
बेघर सड़कों पर आयी।
स्वतंत्रता के आंगन में फिर,
से काली बदली छायी।।
कांटे को कांटे से ही यह
नीति सिखाने आया हूँ।।

ऐसा ही भीषण नर संहार,
पंजाब सिंध में मचाया।
जबरन लाखों को मौत सुला,
लाखों को दास बनाया।।
कभी न ऐसा नरसंहार जग,
इतिहास में नग्न हुआ था।
संहार का कारण यही एक कि,
हिन्दू के घर जन्म हुआ था।।
निर्दोषों के हत्यारों के उर,
दीप जलाने आया हूँ।।

संकट की घनघोर घटायें,
जन जन के सिर पर आयीं।
आखों के आगे शोणित की
सरिता बेधड़क बहायी।।
आग्नेय नेत्र वाले दैत्यों,
की टोली घर घर घूमी।
आर्तनाद करने वालों के
मुख में तलवारें ठूँसी।।
अंखियारे अंधों को सावन,
गीत सुनाने आया हूँ।।

सत्ता के भूखे नेताओं,
ने निज आंखें तक न खोली।
लाखों को जलते देख नृशंस,
मुख से आह तक न बोली।।
सर्वनाश के हुए ग्रास ऐसों,
को मानवता समझाये।
उन्मादी जेहादियों को वे,
उन्हें हाथ जोड़ मनायें।।
तुष्टिकरण के आंगन में राष्ट्र
प्रेम जगाने आया हूँ।।

इन सभी अहिंसावादियों नें,
ही यह स्वयं संहार कराया।
कुर्सी की ही लिए स्वार्थियो नें,
पापी को गले लगाया।।
लालच और विवशता के वश
बंटवारा तक स्वीकारा।
सत्ता के प्यासों ने मातृभू,
को दो टुकड़ों में बांटा।।
फिर स्वार्थ में न छल करने का
किला ढहाने आया हूँ।।

स्यालकोट मुल्तान लायलपुर,
लाहौर छोड़ दिल्ली चले।
प्राणों की उर आश लिए,
कंगाल बन सब छोड़ चले।।
जेहादियों ने काफिलों को,
डाकू बनकर फिर लूटा।
बलात्कार निर्मम संहार फिर,
सिर पर संकटघन टूटा।।
दानवता के उर करुणा का,
बीज उगाने आया हूँ।।

प्राणों का उर मोह छोह लिए,
फिर दीन अभागे भागे।
स्वमूत्र से ही बेचारे निज,
प्यास बुझा मग सुख पाते।।
त्राहि त्राहि मानवता का स्वर,
दानवता का अट्टहास,।
निर्ममता हक्की-बक्की, निर्लज्जता,
लज्जित पशुता तम उपहास।।
अस्मित के मुख थूकने का मधु,
स्वाद चखाने आया हूँ।।

लाखों सधवायें विधवा बन,
दो कौड़ी के भाव बिकी।
कोटि अंनाथ बच्चों के पैरों,
दासता की जंजीर कसी।।
पशुता ने मानवता की छाती,
में पैना खंजर भोंका।
ताण्डव की वीभत्स कालिमा,
ने निज टापों से रौंदा।।
प्राणों की आहुति दे जौहर,
रूप दिखाने आया हूँ।।

धूधू कर जलकर राख सिंधु,
गंधार और पंजाब हुआ।
स्वतंत्रता का भाल झुक गया,
जीवन विवस इस्लाम हुआ।।
शरणार्थी बन अपने ही घर,
रहने को लाचार हुआ।
दो टुकड़ों की खातिर जीवन,
भर मुगलों का दास हुआ।।
परवश बनें सियार, सिहों मन,
ज्वार उठाने आया हूँ।।

जिसके खातिर राम श्याम ने,
पापियों का विनाश किया।
भारत माता को कारा से,
पूर्ण मुक्त कर सम्मान दिया।।
जिसके खातिर विक्रमादित्य नें,
दुश्मन शक दल को थर्राया।
उनको उनकी ही खोहों में,
रहनें को विवस बनाया।।
विजय पताका को अम्बर में,
फिर फहराने आया हूँ।।

जिसके खातिर ही पोरस ने,
मान सिंकदर का कुचला।
जिसके बल पौरुष के आगे,
दुश्मन का अभिमान उखड़ा।।
जिसके खातिर चंद्रगुप्त ने,
समर भूमि में ललकारा।
सेल्यूकस का शीश कुचलकर,
हेलेना को स्वीकारा।।
राष्ट्र धर्म ही संकल्प एकमेव,
बिगुल बजाने आया हूँ।।

जिसके खातिर बप्पा रावल ने,
कर में तलवार उठाई।
यवनों की उनके ही आंगन,
चीर कर धज्जियां उड़ाई।।
जिसके खातिर राणा प्रताप,
ने जीवन भर दुख झेला।
जिसके खातिर छत्रसाल शिवा
नें कंटक पथ को भेंटा।।
आत्महवन करने वाली उर
ज्योति जलाने आया हूँ।।

जिसके खातिर गुरु गोविन्द नें,
निज चारो सुत बलिहारे।
कंटक राहों पर चले जीवन,
भर हिम्मत कभी न हारे।।
जिसके खातिर रणजीत सिहं ने,
काल का माथा चूमा।
मातृभूमि प्राणों से प्यारी,
यह संकल्प कभी न भूला।।
बलिदानियों की प्रथम पंक्ति में,
नाम लिखाने आया हूँ।।

जिसके खातिर झांसी रानी,
ने गोरों के सिर काटे।
जिसके खातिर सावरकर ने,
काला पानी दिन काटे।।
जिसके खातिर सुभाष चंद्र को,
भारत को छोड़ना पड़ा।
जिसके खातिर आजाद भगत,
को बलिदान होना पड़ा।।
हम दिन चार रहें न रहें यह,
भाव सजाने आया हूँ।।

जिसके खातिर ऐसे लाखों,
ने जीवन बलिदान किया।
टुकड़े टुकड़े हुए पर माँ को,
कभी खंडित न होने दिया।।
स्वार्थी कपूतों के कुपंथ नें,
सपनों पर पानी फेरा।
पूर्वजों की थाती को सत्ता
के मद कोल्हू मे पेरा।।
सत्ता के भूखे गद्दारों की
भूख मिटाने आया हूँ।।

कुर्सी के लालच में सभी को,
अधूरी स्वतंत्रता भायी।
कोटि समाधियों का उपहास,
कर दीवाली मनवायी।।
इधर झूठे गद्दार सिपाही,
जब आजादी मे भूले।
उधर अभागे भोले भाले,
बेघर अनाथ बन घूमे।।
स्वारथी लालची कौओं के,
पंख काटने आया हूँ।।

भुजाहीन भारत माता अब,
खंडित होकर विकट रोये।
अपने बेटों के शोणित से,
अपना मुख बरबस धोये।।
चीर हरण हो रहा सभा में,
अब शील भंग की बारी।
कोटि सुतों की दुखिया जननी,
तव वाट तके बनवारी।।
खंडित माता की प्रतिमा को,
अखंड बनाने आया हूँ।।

घुसपैठ और आतंकवाद,
दोनों मुंह फैला दौड़े।
देखो काल यवन के बेटे,
जननी को मारे कोड़े।।
मान बिन्दुओं को अपमानित,
करने को धूर्त बढ़े हैं।
देखो! इस्लामी श्वान फिर से,
सीमा पर भौंक पड़े हैं।।
रण छोड़ कायरों के उर पुनः
सिंहत्व जगाने आया हूँ।।

धीर धरो उर माँ वसुंधरा,
बेटों ने आखें खोली।
अंगड़ाई भरने की देरी,
फिर तब भर देंगे झोली।।
केसरिया बाना धारण कर,
तलवार कमर में बांधी।
नयनों में भूचाल समेटे,
गति महाप्रलय की आंधी।।
पौरुष का नव सूर्य उगा अब,
तिमिर मिटाने आया हूँ।।

सौगंध पूर्वजों की अब और,
दिन खंडित न रहने देंगे।
जिसने तन से खेला उनसे,
पाई का बदला लेंगे।।
ऐसे कुचलूं सिर उनके जो
फिर कभी न उठने पाये।
कोई भी दु:शासन फिर किसी
का न शील भंग कर पाये।।
कुकुरमुत्तों की संतानों की
जड़ उखाड़ने आया हूँ।।

जिन हाथो से हथकड़ी बेड़ियां,
जबरन पहनायी थी।
जिसने भी दुस्साहस करके,
दिव्य प्रतिमा खंडित की थी।।
जिसने भी लाखों बेटों की,
निज स्वार्थ में हत्या की थी।
तुष्टिकरण: धर्म निरपेक्षता को,
जिन अंधों ने शरण दी थी।।
ऐसे कपटी कुलघाती की,
नाक काटनें आया हूँ।।

अब गांण्डीव उठा लो कर में,
पांचजन्य का उद्घोष करो।
आज. सारथी सुदर्शन धारी,
निर्भय हो कुरुक्षेत्र चलो।।
छठ का स्मरण करा दो अरि को,
जो सीमा पर चढ़ आया।
मार मार कर भुस भर दो,
जो झूठा सिंह बन आया।।
जननी की उजड़ी गोदी में,
सोम बहाने आया हूँ।।

जननी अवश्य अखंडित होगी,
मन कोई भ्रम मत पालो।
विश्व गुरु के सिंहासन ऊपर,
फिर से माँ को बैठा दो।।
सब कुछ संभव हो सकता है,
जिसने अडिग संकल्प लिया।
वही सफल बस होता जग में,
जिसने जीवन भेंट किया।।
जीवन समर्पित करने वाली,
रीति डालने आया हूँ।।

कुछ ही क्षण में अखण्डता का,
सूर्य निकलने वाला है।
और फिर से माँ भारती का,
भाग्य बदलने वाला है।।
जीवन दीप जला स्वागत की,
करो "जगराम" तैयारी।
आज सर्वस्व न्योछावर करनें,
की आयी सबकी बारी।।
भारत माँ के कंठ अखंडित जय,
माल डालने आया हूँ।।

◆◆◆

विजयपर्व

चिर अतीत के गौरव की स्वर्णिम गाथाओं,
के पुण्य विजयोन्मुखी स्मरण।
जीवन मरण संग्राम की काली घड़ियों में,
क्षणिक पराभव के लघु क्षण।।
विकट घनी अमावस के अभेद्य अंधकार,
का जड़ कलुषित अंत:करण।
अमल धवल पूर्णिमा की निष्कलंक उज्ज्वलता,
का रोम उर स्पंदित स्फुरण।।
सरिता के मंझधार में अपराजित पौरुष,
की सम्पूर्ण उमंगों के संग।
जीवन की उत्ताल तरंगो से हंस क्रीड़ित,
नैराश्य कौतुक आनंद।।
पर्वत प्राय लहरावलियां स्वेच्छा से कूल,
कछार की हरी दरी से।
संघर्ष की सरिता के पार विशाल वक्षस्थल,
पर वैभव चिन्ह उखरी से।।
हृदय मंदिर में ध्येय देव की प्राण प्रतिष्ठा,
श्रद्धा अंजुलि में विश्वास वर्ति।
स्वप्नों की दुर्दम्य आकांक्षा कालिया प्रहर:
मर्द विजय स्वधर्म स्वराज्य पर्ति।।
बाधाओं के विंध्याचल अगस्त्य के चरण में,
प्राणिमात्र संतति अनुगमन।
जन जन के मन मन को शुभ करने में समर्थ,
स्वर्गिक संगीत का स्वर गुंजन।।

निराशा की अमावस की अंधकार निशा,
में स्वयं आत्मगौरव उत्थित।
कलित कीर्ति के असंख्य दीप असीम गगन में,
अपलक अविचल प्रतिबिंबित।।
संसृति गौरव पूर्ण पटल पर असंख्य युगों के,
बज्र हृदय पर विजय श्रीस्तम्भ।
अनंत भूत की दिव्य सुविभा से आलोकित,
भोर अगणित स्वर धुप अचम्भ।।
सृष्टि का प्रारम्भ साम गान के स्वर्गिक नव स्वर,
चराचर लय शांति संचार।
सर्वत्र आनंदसिंधु पारावार उमड़ घुमड़,
समग्र वसुंधरा पर विहार।।
किन्तु पूर्णिमा को जड़ राहु तत्पर मुख प्रवेश,
धर्म बाल रवि पर अधर्म घन।
अत्याचारों, अन्यायों के सर्वत्र सरोष स्वर,
धर्म श्वास अवरुद्ध असुर फन।।
विचलित अधर्म घन, समीर के सबल थपेड़े,
सिंचन, सृजन, संहार समन्वय।
सज्जित दृढ़ राष्ट्र शक्ति ने उन्मत अराष्ट्र शक्ति को,
धर्म अधर्म तट विजयी अन्वय।।
अराष्ट्र पुरुष महिषासुर मर्दन अधर्म निर्मूल,
पशुता विपुल निर्बीज प्रयत्न।
राष्ट्र विजय अंतःकरण स्मृति चिर संकल्प प्रखर,
नैराश्य विक्षुब्ध विजयी रत्न।।
स्वदेश रक्षा निर्मित्त युद्ध के कराल तम मेघ,
श्यामला पर प्रलय ताण्डव।
प्रस्थान के पर्व की इति उत्कट हृदय सवल भट,
पावक बांबी मुख खांडव।।

धर्म की नींव पर न्याय सम्मत दिव्य तंत्र योग,
आध्यात्मिक स्वातंत्र्य का वर।
स्वार्थ साधन तिलांजलि, सामाजिक भावना,
सुवर्ण वितरण सर्व स्वजन स्वर।।
विश्वजित यज्ञ में सर्वस्व समर्पित प्रणलघु कण तक,
अपहृत पट के पुनः प्राप्यर्थ।
असुरों की लंका सिर पावन चरणों में नत,
अधर्म लुप्त धर्म एकेव अभ्यर्थ।।
अनादि काल असंख्य युग तक राष्ट्र जीवन ने,
असंख्य क्षण अराष्ट्र तत्व दमन।
परकीयों का पराभव विजय श्री सिंहासन,
राष्ट्र में मलय उन्मत्त पवन।।
शस्त्र पूजन सीमोल्लंघन विजय के उन्नयन,
शस्त्र सज्जि सुधर्म भित्ति अधर्म रिक्त।
वीरोचित धार्मिक राष्ट्रीय स्फूर्तिदाय विधि,
चतुर्दिक विस्तृत प्रयत्न चतुर्सिक्त।।
निज कर्म क्षेत्र को धर्म क्षेत्र में परिवर्तित कर,
अज्ञात बेला घूंघट सिर।
स्वधर्म के प्रकाश की दिव्य रश्मियों को वितरित,
अभेद्य स्वराज्य भेद तिमिर।।
सलस सुषुरित को जीवन्त जागृति में ग्लानि जन्म,
विस्मृति का नव साक्षात्कार।
दयनीय शरणागत को आत्माभिमान रंग,
आकांक्षा कार्य साकार।।
दौर्बलय भीरुता शैथिल्य निष्क्रियता व्यामोह,
विमुक्त संगठित शक्ति प्राण।
राष्ट्र के सांस्कृति पुनरुज्जीवन का व्यवस्थित,
साधन स्वधर्म का अधिष्ठान।।

स्वराज्य की सीमाओं के विपुल विस्तार क्षण,
प्रयत्न में पूर्णता सन्निहित।
अहिंसा के आवरण में नपुंसकता प्रलय,
देहली पर पुरुषत्व कुंठित।।
भारतीय राष्ट्र की अगणित विजयों का मन,
अतीत का कनक सिंहासन।
गौरव पूर्ण राष्ट्र जीवन के इतिहास में,
गति का दिग्विजयी उच्चाटन।।
बासर धवल, असुरों की पराजय विजय पृष्ठ,
धूमिल छाया स्वयं ओझिल।
निरंकुश सत्ता अत्याचारी प्रवृत्ति से पीड़ित,
राष्ट्र शील संगठित बोझिल।।
शक्ति सम्पन्न वैभवशाली का स्वर्ण सिंहासन,
विरथ विपिन राम सन्मुख तुच्छ।
आत्म-विस्मृति, गौरव शून्य, निराश, चाह हीन,
व्यक्तिगत स्वार्थ के पंक पुच्छ।।
पद् दलित राष्ट्र परतंत्रता की बेड़ियां काट,
स्वतंत्रता का उन्मुक्त विचरण।
नव जागृत शक्तियों का साफल्य केन्द्रीकरण,
विजय चरण तत्पर वरण।।
अवतार-विजय-अज्ञात वास निरा अवसान,
पुनर्शस्त्र धारण हित विहान।
निश्चेष्ट जीवन में नव चैतन्य का संचार,
ध्येय सीमोल्लंघन धन प्रयाण।।

राष्ट्र का हित अनहित हृदय तौल लौ प्रज्ज्वलित,
पूजन विजय श्री का योग।
अंतःकरण संकुचित सीमा उल्लंघन रूढ़ि विमुख,
सीमित तिलांजलि रस भोग।।
अगणित विजयों का अतीत इतिहास प्रमाण,
विजय हित विजयी कार्यशक्ति।
आदि समाज के संगठित तेज का प्रतीक,
स्वार्थ साधन पर्व राष्ट्र भक्ति।।
स्वार्थ सीमा त्याग राष्ट्र की हित चिंतना में,
जीवन दीप बाल अविरत।
विजिगीषु वृत्ति अंतः अनंत गतिमय कर्म चेतना,
सिन्धु ज्वार नैराश्य अनिरत।।
राष्ट्र के वैभव की तरनी को तार–पार,
तामसी वृत्ति को जड़हीन।
"विजय प्रयास" प्रशस्त पंथ नव चैतन्य निर्माण,
प्रभात कर "जगराम" लीन।।

◆◆◆

रक्षापर्व

अनादि काल से पुण्य धरा के,
समाज को विराट पुरुष कहा।
जन मन उस विराट तन का एक,
देदीप्यमान लघु अंश अहा।।

अगणित लघु कणो से निर्मित तन,
में चैतन्य शक्ति की दिव्य अस्मिता।
तन पथ अवलंबित अवयव रस,
जीवमान जागृत निश्चिंतिता।।

सुप्त समाज का जन अविच्छिन्न अंग,
सर्वस्वार्पण से यज्ञ आत्महवन।
अपलक ललक प्रयास अविभाज्य,
संभव समाज का उत्कृष्ट वसन।।

सनातन समाज हरि भक्त रूप,
जनता जनार्दन का नामकरण।
सुभग सुवलिष्ठ सुस्थित समाज हित,
एकमेव सर्वस्य होम आचरण।।

जनता जनार्दन की सेवा हित,
सर्वस्वार्पण की जग उत्कट शिक्षा।
राष्ट्र दशा अत्यंत शोचनीय,
फलस्वरूप घन विकट परीक्षा।।

छिन्न समाज जीवन स्वार्थों से,
परिपूर्ण संघर्ष स्पर्धा में रत।
जमींदार किसान, श्रमिक, द्वार,
भेद भाव की बाहों में धुत।।

भाषा-प्रांत-जाति-रंग से,
उत्तर दक्षिण परस्पर घृणा चाह।
आर्य द्रविड उद्घोषित गगन तल,
व्यर्थ क्रांति की वक्र निर्मूल राह।।

राह हीन निरस क्रांति के पथ,
निर्दोषी निर्वासित नीड़ हीन।
सरिता कछार अपमानित नित,
दग्ध हृदय तट विमुख नीर मीन।।

अन्तर्कलह स्वार्थपरता आनन,
से परकीयों के पग विहान।
दासत्व की कालिख से मुख की,
स्वर्गिक शुभ्र आभा का अवसान।।

जीवन में उच्चतम गुण संवर्धन,
हृदय को पूर्णता विकसित वर।
स्वार्थ अहं पथ से विरक्त पथिक,
राष्ट्र माता के पग अर्पित स्वर।।

दिवस स्वतंत्रता का सोमरस,
भ्रम घोर परतंत्रता तय अवश्य।
धीर वीर शस्त्रास्त्रों से सज्जित,
असंभव निशीथ संभव बस रहस्य।।

अनर्थ समर्थ आलाप व्यर्थ घरी,
मान सम्मान प्रतिष्ठा की तान।
निकम्में स्वार्थी लापरवाही,
की व्याधि के आशान्वित प्राण।।

मानवत्व, चारित्र्य समाज प्रेम,
एकात्मता भोर पुनर्जागरण।
मूल-भूत वास्तविक कार्य ही,
निष्ठा होम भक्ति का दृढीकरण।।

मंडित महिमा का खंडन तब,
जब एकात्म प्राण चैतन्यशिथिल।
भाग्य सूर्य के पथ राहु केतु,
अवसर चाह विकट बधिक विकल।।

संस्कारों से स्वार्थ शून्यता,
का अंत राष्ट्र भक्ति, मनुष्यत्व व्रत।
सर्वस्वार्पण भाव जागृति चाव,
राष्ट्र निर्माण ललक उर पुर घ्रत।।

हरित विटप शाखा उपशाखा,
जीवन रस अभाव में मूर्च्छित।
व्यक्ति व्यक्ति पुनीत हार मुख गूंथ,
आत्मोत्सर्ग हेतु सिद्ध दृढ़ इच्छित।।

अभिमान न व्रत अडिग राष्ट्र हित,
कर्त्तव्य शुद्ध बुद्धि से सिद्ध अनवरत।
ध्येय प्रयत्न रूप सर्वस्व समर्पण,
भोर, त्याग रूप सन्मुख अविरत।।

भेद चीर सस्नेह सूत्र तीर,
संदेश राष्ट्र का अखंड रूप।
'रक्षा पर्व' प्रसंग नव भाव उर,
आत्म समर्पण व्रत दीप स्वरूप।।

हरेक पथ में नेह सुधा रस,
संभव सुरसरि बंधन आलिंगन।
भेदों से अलिप्त, एक रस स्नेह,
त्याग, कटि बद्ध "जगराम" निर्वहन।।

◆◆◆

संक्रान्ति पर्व

जीवन की ऊष्णता,
का क्रम भ्रम ढला।
निर्जीवता विलग संग,
पुनः रवि को चला।।

आत्म विस्मृति अंधकार,
आत्म स्मृति प्रयास।
कर्म अस्तित्व वितान,
उमग श्रद्धा आश।।

भ्रमों का निराकरण,
सामर्थ्य अनुभूति।
चैतन्य हीन अवस्था,
में चैतन्य भूति।।

श्रेष्ठ कार्य का उदय,
नवोत्थान रूप।
शाश्वत जीवन दिशा,
छांव सुहृद धूप।।

नींद झोंकों में भ्रम,
ज्ञान शून्य वर्जित।
गंतव्य इष्ट ध्येय तक,
कर्त्तव्य उमंग अर्जित।।

प्रगत कार्य का पतन,
निरुत्साह का यत्न।
महत्व दायित्व निर्वहन,
उत्थान संभव रत्न।।

पुनरुत्थान के कार्य,
अंत:करण आरम्भ।
अटल निश्चय से विजय,
नित याम अचम्भ।।

साधना अखंड वेग,
गर्त आशंक पतन।
अखंड राष्ट्र अर्चना,
विजय आत्महवन।।

भ्रमित शून्य में पथिक,
कूट चाल बधिक।
शिथिल तज्जन्य दुर्बलता,
हित प्रद पथ अधिक।।

कृत कृत्यता भावना,
सर्वता अहित हित।
कार्य सन्नद्ध कार्यक्षम,
साधना रत जित।।

दासत्व दु:ख निवारण।
संगठित सामर्थ।
इच्छा प्रेरण पलक,
आश समर्थन अर्घ्य।।

दासत्व से मुक्त ऊषा,
भोग रोग दुर्गति।
पाप दृष्टि प्रलयी दृष्टि,
पतन रथ संतति।।

असावधानी काल,
ग्रहण भानु वदन।
तेज रक्षण जागरण,
ज्वलंत निष्ठा दहन।।

जीवन धारा का गंतव्य,
प्रतीक्षित शंकित।
समाज की सुस्थिति ही,
चाह अमिट अंकित।।

समाज सुस्थिति सर्वथा,
व्यक्त साधन मात्र।
पारस्परिक व्यवहार,
नेह गुंथित पात्र।।

इष्ट प्राप्ति की दिशा,
किंचित अलभ्य योग।
सम्पूर्ण चैतन्य साध्य,
केन्द्रित ब्यूह भोग।।

साध्य साधन विवेक,
अवसर एकमेव।
विशिष्ट ध्येय दृश्यमान,
मूर्तिमान देव।।

स्वयं अप्रतिम सफलता,
सुविलक्षण प्रयोग।
मन किंचित न भ्रम डगर,
प्रस्तर सृजन योग।।

श्रेष्ठ ज्ञान शुचि चरित्र,
शुद्ध निःस्वार्थ नमन।
आत्म स्मृति प्रवल लहर,
आदर्श गुण हवन।।

सुनीति चारित्र्य शून्य,
भ्रष्टाचार हर्षित।
दृढ़वती निष्ठा विकल,
प्रतिष्ठा अंक गर्तित।।

उच्छृंखलता सुखों की,
गर्तोन्मुखी प्रवृत्ति।
चारित्र्य सम्पन्न व्यक्ति ही,
व्रत चाह सी कृति।।

अंतः मालिन्य मुख धवल,
सच्चरित्र संगठन।
दृढ़ निश्चय ही एक पथ,
क्षीर वदन दहन।।

शिथिलता नीड़ हीन,
सुख भोग मलीन।
उत्साह धीर डग पथ,
तुहिन रवि विलीन।।

ध्येय मार्ग कंटकमय,
रहस्य बृथा अभय।
ध्येय निष्ठ पथिक कर्त्तव्य,
निराश पंथ क्षय।।

कर्त्तव्य पथ पर अटल,
शिथिल अकर्मण्य व्यर्थ।
अन्तर्बाह्य में अविचल,
दृढ़ता व्रत समर्थ।।

कार्य की सम्पूर्ति का,
दायित्व जो शीश।
आत्म विश्वास से नभ,
दृढता पथ ईश।।

स्वयं प्रखर चैतन्यमय,
प्रेरणा उर जग।
निर्बुद्धि कार्य वृत्ति हार,
शोभनीय पंथ दृग।।

एकात्म, स्नेह सुसूत्र,
उद्घोष जग विदित।
निष्ठा श्रद्धा भावना,
अधिष्ठान अविजित।।

स्नेह सेवाव्रत गुण,
अहोरात्रि अर्चन।
प्रभा निर्माण हृदय,
उचित मार्ग दर्शन।।

सुसंगठित शक्ति के अंश,
अधिष्ठान स्थिर जड़।
प्रेरक शक्ति सजग अंग,
जय वसंत पतझड़।।

मैत्री परस्पर प्रेम,
स्वयं प्रेरणा वर्त।
ध्येय भान भाव दृढ़,
नितांत प्रणय पर्त।।

सौहार्द्र न्याय निष्ठा,
उद्घोष जागरण।
स्वार्थ हुति सर्वस्वार्पण,
मनोवृत्ति संरक्षण।।

असामान्य व्यवहार,
अखंड दृढ़ निश्चय।
सर्वतोन्मुखी आदर्श,
अभेद्य शक्ति तन्मय।।

विमुख विचार विकार,
शैथिल्य अंधकार।
अकर्मण्यता निज विस्मृति,
'संक्रान्ति' प्रहार।।

जागृति सृजन अग्रसर,
उर अविचल निश्चय।
शुभ प्रेरक संकेत,
तीर सुमधुर लय।।

कंटक आघात निश्चिंत,
अनुशासित चरण।
सुपंथ प्रसून न अन्य,
सत्कार्य में मरण।।

शूल प्रसून से मृदु,
सहर्ष भाव दीप।
अंतः "जगराम" दृढ़ता,
क्रांति स्वांति सीप।।

◆◆◆

नींव

नींव की गोदी का अब सावन बनूंगा।
हृदय के घावों की सब पीड़ा हरूंगा।।

संकुचितता को लांघ तम का सिर फोड़।
ज्ञान भक्ति का कर दीप व्यर्थ बंधन तोड़।।
ऊंघता भ्रमित पंथ ज्योतित करूंगा।।

चिर ध्येय का विस्तार से उद्धार संभव।
जीवन पुनरुथान पृथक से असंभव।।
क्रूर कारा के उर ममता भरूंगा।।

जगत अस्तित्व की रक्षा का व्रत उर अटल।
धर्म दर्शन ज्ञान से ज्योतित विस्तृत पटल।।
मोतियों से पूरित बदली बनूंगा।।

आध्यात्मिक उपहारों का अगाध सिंधु।
आत्म जग के चमत्कारों के प्रचंड बिंदु।।
समभाव की तरनी जग ले चलूंगा।।

विज्ञान-कला-संगठन का मर्म अनुभव।
अनुकरण उन्नति असंभव निश्चय पराभव।।
घोर अधः पतन से दो टूक कहुंगा।।

पूर्वजों पर लाज जो तो अंत निश्चय।
गर्व-गौरव बाहों में आलिंगन अवश्य।।
त्याग की संतान सुरतरु बन करूंगा।।
अडिग आत्मविश्वासी गर्व पूर्वजों पर।
अनुकरण प्रतिभा पुरुषार्थ पर्वतों पर।।
बीज-पौधा-विटप घन विकट घिरूंगा।।

पंकदल से भी रत्न श्रृद्धा से पालो।
औरों की प्रकृति से अनुकूल ढालो।
पंक के भी सद्‌गुणों से हंस बरूंगा।।

भगीरथी की प्रचंड धारा की प्रगति।
शूल के पथ पर भी संभव विजय नियति।।
भावापन्न ध्येय के रस को पियूंगा।।

दुर्व्यवहार के पथ भी आश भोर की।
आत्मनिरीक्षण ही विजय हर छोर की।।
धर्मभृष्टों के वक्र अश्रुओं को छलूंगा।।

जड़वाद का कोई न तरु फले यहाँ।
बाह्य विष से मुक्त एकमेव दर्शन कहां।।
लज्जित दोषो पर घन द्युति बन गिरूंगा।।

रूढ़ि-कर्म काण्ड के मंत्र बड़ी बिडम्बना।
करो से करो में जघन्य पतन भर्त्सना।।
हास्यास्पद स्थिति को चिता में रखूंगा।।

मस्तिष्क की प्रवृत्ति में घृणित कलुषित भाव।
मूर्खता के अतिरिक्त शेष घर न ठांव।।
जड़बुद्धि-भ्रांति बीथि से न अब टलूंगा।।

'मत छुओ वादी' व्यर्थ का बस भय यही।
गति शीलता चिंतन शक्ति पराभव सही।।
मौलिकता को अंक भर अक्षय हसूंगा।।

अंधविश्वासी विशिष्ट विकृत पथिक सभी।
घोर 'तम' साधना मे रत बधिक अभी।।
बैर उदात्त विचारो को उर धरूंगा।।

चमत्कार प्रियता अंधविश्वास पतन धन।
अनुकरण आश्चर्य जनक पथ तिमिर गहन।।
कृति सीमित को असीमित कर खिलूंगा।।

बलिष्ठ स्नायुओं एवं भुजाओं को समझ।
पौरुष अमरता भान जब किंचित उलझ।।
गीता के संदेश के चरण पड़ूंगा।।

घोर ईर्ष्यावश नेह के अभाव में।
स्वार्थ के पंथ अग्रस्थान के प्रभाव में।।
रूढ़ि की राह में शूल बन हसूंगा।।

सद्वृत्ति के शक्तिमान के सिर श्रद्धा अडिग।
अविश्वास ईर्ष्या से मुक्ति व्रत से अधिक।
सत्प्रवृत्त सत्कर्म में ईर्ष्या से लड़ूंगा।।

शासन-भाषा-धर्म-भेंट जगत की सृष्टि।
चिर पुण्य परम्परा अधिष्ठान सम्मिलन वृष्टि।।
एकता के अंक में नींव बन पलूंगा।।

भेदो-विवादों में भी एकात्म भाव।
बिलकुल निरर्थक वाद निंदा त्याज्य स्वभाव।।
एकीकरण के कंठ "जगराम" मिलूंगा।।

◆◆◆

पूरब का लाल

प्राणों से भी प्यारा सबको,
और न कोई हो सकता।
भारत जैसा देश धरा पर,
और न कोई हो सकता।।

कोई देश न हुआ धरा पर,
जो पुण्य भूमि कहलाया।
कोई स्थान न हुआ आजतक,
जो देवभूमि कहलाया।।
जिसकी गोदी में एकदिन सब,
जीवों को आना पड़ता।
जिसके चरणों में कर्मफल को,
भोगना अंत में पड़ता।।
ईश्वर जैसा अटल सहारा,
और न कोई हो सकता।।

ऐसा कोई देश नहीं जग,
मानव जीवन जहां फला।
क्षमा, शुद्धता, धृति-दया, की मधु,
छाव से बंचित रहा भला।।
आध्यात्मिकता आत्मान्वेषण,
का सर्वाधिक विकास हुआ।
भिन्न-भिन्न धर्मो के संस्थापकों,
का देदीप्य प्रकाश हुआ।।
सत्य सनातन आध्यात्मिक धाम,
और न कोई हो सकता।।

दार्शनिक ज्ञान की प्रवल धार,
चहुंदिशि में अविराम बही।
जड़वाद की धधकती अग्नि को,
जीवन दायी सलिल यही।।
पश्चिमी सभ्यता के संकर्षण पर,
काल्पनिक दिवा की प्राची।
अगणित राही भ्रमित चकित पथ,
शांत-क्लांत बरबस फांसी।।
जीवन प्रवाह का ध्येय अटल,
और न कोई हो सकता।।

पूरब में दिनकर का आंगन,
पथ में संकट घोर घहर।
पलक तमक अवसान प्रहरतम,
उमगि पुलक तन जरठ ठहर।।
अधीर तीर का चीर तक पट,
व्यथित बीथि मीन नीर घट।
छोर भोर नव कोर जलज तट,
व्यर्थ भ्रम पंथ मलिन मुख भट।।
धवल अंबर सा गर्वोन्नत मन,
और न कोई हो सकता।।

यह वही धरा जहाँ तत्व ज्ञान,
ने सर्वप्रथम विश्राम किया।
अपनी वासभूमि बना प्रथम,
जिसका गौरव बढ़ा दिया।।
जहाँ के आध्यात्मिक प्रवाह,
समुद्राकार नद प्रतिरूप।
जहाँ चिर हिमालय श्रेणी बद्ध,
स्वर्ग के रहस्यों का स्वरूप,
सर्वश्रेष्ठ गर्वोन्नत जीवन,
और न कोई हो सकता।।

कानन आनन कनक लता सा,
रोमाश्रित मधु पूरि छता।
बैरिन बयार शूल धता बहु
सलिल कूल क्षुब्ध मुदित त्रता।।
सिंचित बंचित व्यथा बृथा प्रथा,
नवागत शील पर प्रहार।
छलित-फलित मन पतित गलित पथ,
मूक-फूंक मुख थूक छार।।
सुधा सना पथ सकल जगत हित,
और न कोई हो सकता।।

यह वही भूमि जिसके आंगन,
में ऋषियों के चरण पड़े।
मनुष्य-प्रकृति तथा अन्तर्जगत के
रहस्योद् घाटन अंकुर उगे।।
जगत्प्रपंच सर्वव्यापी ईश्वर,
आत्मा का अमरत्व अभेद्य।
शाश्वत विषयक मतवादों का,
पहले पहल उद्भव सुवेद्य।।
जिज्ञासाओं का सुसमाधान,
और न कोई हो सकता।।

धर्म दर्शन के आदर्शों ने निज,
चरम उन्नति यहीं पायी।
ऐसी प्रबल तरंगों से ही,
निस्तेज में नव शक्ति आयी।।
शताब्दियों के आघातों को,
सहकर भी जग अक्षय आज।
अविनासी जीवन-वीर्य अक्षुण्य,
दृढ़तर भावमन गिरि लाज।।
अनादि अनंत अमृत स्वरूप चिर,
और न कोई हो सकता।।

यही वही भूमि जो आर्यावर्त,
में पवित्रतम मानी गई।
ब्रहमावर्त वही पण्य पुरातन,
जो मनु द्वारा दिप्ति हुई।।
आत्म तत्व की उच्चाकांक्षा का,
प्रबल स्रोत प्रवाहित सतत।
इतिहास प्रकट मुख नव युग में,
आप्लावित प्रवल समर्थरत।।
वेगवती आध्यात्मिक संगम,
और न कोई हो सकता।।

धीरे-धीरे गंगा बनकर,
प्रचण्ड शक्ति से अखण्ड सम्पन्न।
व्याप्त नभ अनंत दिशाओं में,
बज्र ध्वनि से उद्घोष उत्पन्न।।
आघातों को छाती में सह,
बर्वरों का प्रतिकार किया।।
घोर संकटों में भी डटकर
गौरव का सिर तान दिया।।
चिर अद्भुत विश्व प्रेम का मंदिर,
और न कोई हो सकता।।

विशाल हृदय के कपाट खोल,
वसुधा को कंठ आलिंगन।
ममता के कार अग्रसिंचन को अग्र,
पग मुख परहित अवलंबन।।
स्वधर्म की रक्षा के हित अपना,
हवि न्योछावर कुल शोणित।
अधरों पर कटुक वचन तनिक न,
मोद-शांत पट जग रोपित।।
कर्म-धर्म पंथ का गंगा सागर,
और न कोई हो सकता।।

सुदीर्घ वारूणी का अवसान,
महादुख का अंत प्रमाण।
महानिद्रा में निमग्न शव चैतन्य,
घनांधकार का भेद विहान।।
ज्ञान–भक्ति कर्म के आनंत स्वरूप,
से मातृभूमि प्रतिध्वनित।
मृदु–दृढ़ परन्तु अभ्रांत स्वर अखंड,
विमुख स्पस्ट गंभीर परिलक्षित।।
शिथिल देह वायु स्पर्श प्राण नद,
और न कोई हो सकता।।

शनैः शनैः जड़ता मलिन बदन,
तीर परे विकृत बुद्धि सुर।
मातृभूमि तज गहन–शयन अब,
और न क्रूर फांस पर धुर।।
अब न प्रवल कोई बाध्य सवल,
असाधारण बल संग भोर।
कुंठित कण निस्तेज प्रपंच बल,
क्षीर बिना पट खोर छोर।।
भानु सा देदीप्यमान बलय,
और न कोई हो सकता।।

धर्म और आध्यात्म विधा निर्झर,
अनवरत प्रवाहित प्लावित जग।
राजनीतिक उच्चाकांक्षाओं,
में नव चैतन्य प्राण सुभग।।
नाना प्रकार मत मतांतरों
के विभिन्न स्वरों में गूंज।
विषवान विषवत त्यज शास्त्रविधि,
एकेव त्याग कोकिल गूंज।।
एकमेव शांति का मूल मंत्र,
और न कोई हो सकता।।

श्रेष्ठ आचार्यों का अनुसरण,
चिर समाज के संस्थापक।
बल-पवित्रता और जीवन शक्ति,
के अद्भुत आधार थापक।।
कार्य प्रणाली में सुपरिवर्तन,
संभव तीर सीमाओं तक।
प्रत्येक व्यक्ति की भांति राष्ट्र का
जीवनोद्देश्य अवश्य एक।
समरसता का प्रधान स्वर,
और न कोई हो सकता।।

शाश्वत धार्मिक जीवन ही इस,
राष्ट्रीय जीवन का केन्द्र।
अपनी स्वाभाविक जीवन शक्ति,
से विमुख चेष्टा अभिकेन्द्र।।
शताब्दियों की परम्परा गति,
से विमुख तय विनास अवश्य।
अतएव गंतव्य मिले कैसा भी,
जो अस्तित्व विलीन का रहस्य।।
जीवनी शक्ति का धाम धर्म बस,
और न कोई हो सकता।।

हर नर नारी ईश्वर स्वरूप,
केवल सेवा अधिकारी।
सहायता पटल मिथ्या विचार,
अपनापन अति सुखकारी।।
यदि ईश्वर अनुग्रह से उसकी,
संतानों की सेवा संभव।
तब हो जीवन सफल धन्य जगत,
मन भीम भाव व्यर्थ असंभव।।
दरिद्र नारायण का सेवा पथ
और न कोई हो सकता।।

आध्यात्मिकता के हित सचेष्ट,
कर एक स्वधर्म की पतवार।
मूक आदर्श अनुगामी विविध,
आपूर्ण भावी उपहार।।
सत्वर श्रेष्ठता का अधिकारी,
संभव आलोकित नभ भाल।
यदि मन चाह राष्ट्रीय जीवन,
स्वर्ग शीश चरण धवल माल।।
पुरखों की अद्‌भुत उन्नति का घर,
और न कोई हो सकता।।

घोर आलस्य का विलीन प्रहर,
अनथक परिश्रम की वारी।
कार्यों पर भावी भविष्य संभव,
प्रतीक्षित तत्परता हारी।।
क्षणिक शयन मन नयन अयन नभ,
भोर तरुणी भुवन प्रतीष्ठित।
ईश्वरीय तत्व का पूर्ण उद्‌भव,
विषयक भाव अन्य न अधिष्ठित।।
कल्याणकारी परम कृपालू,
और न कोई हो सकता।।

मातृ–पितृ मित्र प्राणों के प्राण,
चिर आत्मा की अन्तरात्मा।
सब धर्म सम्प्रदायों के पालक,
व्याप्त दयामय परमात्मा।।
अक्षय आशीषों का उपहार,
तेज शक्ति से उन्मुक्त सहाय।
उद्‌देश्य कार्य रूप में परिणित,
विनय एक उर रटन सिराय।।
ईश्वर की जीवंत धरोहर,
और न कोई हो सकता।।

यहाँ मनुज की सब चेष्टायें,
धवल धर्म पंथ पर अवलंबित।
यहाँ जीवन का मात्र उपाय,
धर्म सनातन पथ अनुर्वधित।।
चिर अगाध अटूट विश्वास की,
सुर सरिता अविराम बहे।
दिव्य अनंत शक्ति से पुनरुज्जीवन,
का शाश्वत शुभ सुकर्म फले।।
बल मेघा उत्साह से पूरित,
और न कोई हो सकता।।

जग में दुख का कारण भय ही,
सबसे तुच्छ कुसंस्कार यही।
जिस क्षण भय से कंपित तनमन
बस क्षण एक शक्ति हीन सही।।
यहीं सर्व प्रथम श्रेष्ठ कर्त्तव्य ने,
अंगड़ाई ले पट खोले।
अद्‌भुत शुभ कार्य यहीं पर संभव,
आशा ने पथ रस घोले।।
मोक्ष प्राप्ति का ठौर अलौकिक,
और न कोई हो सकता।।

शुभ मुहूर्त की पावन बेला,
थाल सजाये द्वार खड़ी।
निर्भय होकर उठो! साहस से,
बलि की घडियां आन पडीं।।
आशिष्ठ, बलिष्ठ, दृढ़िष्ठ मेधावी,
तभी संभव सुकाल सुभग।
शोणित में वेगवंत उफान,
अभीप्सित लक्ष्य संभव उमग।।
विश्वास का नेह द्रवित सावन,
और न कोई हो सकता।।

निष्कपट दृढ़विश्वासी तेजस्वी,
श्रृद्धा सम्पन्न वीर्यवान भट।
दृढ़ इच्छा शक्ति अजेय सर्व विदित,
विशुद्ध सर्वशक्ति भाव चौखट।।
कोटि आत्माओं को सिंधु पार,
का बल राष्ट्र पुंज में अटल।
बिंहसि बिंहसि निज उर के शोणित,
से अतीत का भाग्य धवल।।
शुभ उपकारी अमृत धाम,
और न कोई हो सकता।।

यही समर्थ सृष्टा पालक रक्षक,
यही सगुण निर्गुण साधना।
यही अनंत अजेय प्रेमशक्ति,
शुभाशीषों का पालना।।
यथार्थ प्रेमनिष्ठ अनुराग की,
यही आध्यात्मिक पर्ण कुटी।
यही पुनर्निर्माण की दिव्य कोख,
यही त्याग की सोम घुटी।।
अगणित आशीषों का आंचल,
और न कोई हो सकता।।

एक बार भी जिसकी गोद में,
देवता जन्म को तरसें।
मानवता की सावन बदली,
जिसके आंगन नित बरसे।
जिसकी चंदन सी माटी नें,
"जगराम" संस्कृति उपजाई।
निष्काम कर्म की भगीरथी नें,
सत्यपथ की राह दिखाई।।
पूरब जैसा लाल भुवन में,
और न कोई हो सकता।।

◆◆◆

उद्धार

धर्म दर्शन की पुण्य भूमि जो,
ऐसी भारत की महिमा।
तपस्वियों की जन्म भूमि जो,
समर्पण त्याग की गरिमा।।

श्री कृष्ण और बुद्ध का दर्शन,
श्रेष्ठ आदर्श मुक्ति का द्वार।
जाति भेद की विनष्ट कोट,
दिव्य ज्ञान का मुक्त उपहार।।

अगणित पुरखों के शोणित,
से सिंचित यह कुंज छटा।
विश्व बंधुत्व की सुर सरिता,
ममता की मधु नेह घटा।।

अपनी ममता के शोणित,
से अब तक पाला जिसनें।
आज स्वार्थी संतानों ने,
नीड़ श्मसान किया क्षण में।।

पर जिनके रुधिर से उत्पन्न,
यश गुणों का करता कौन?
लोकजयी धर्म-राज-सपूत,
जग की आखों पूज्य मौन।।

परन्तु जहाँ न कोई दृष्टि,
जहाँ न कोई वाह-वाह।
जहां मुदित घृणा भावना,
जहाँ न कोई नेह छांह।।

अति सहिष्णुता अनन्य प्रीति,
दृढ़ निर्भीकता कार्यकारिता।
दीन दुखी कर्त्तव्य वीरवर,
वास वहाँ पर स्वयं गर्विता।।

आज पुनः लख एक बार घर,
बदन मलिनता की छाया।
साहस उल्लास न हृदय में,
भीरु अवला सी हाया।।

यथार्थता तो झोपडियों,
में मरणासन्न दुखियारी।
विक्रम पौरुष अपना विस्मृत
आत्म सुबुद्धि की लाचारी।।

पैरों से रौंदे अधीन,
मन भाव वंशज सायों के।
बज्राघातों में भी निःशब्द,
अपनें और परायों के।।

ओ बेचारे नगण्य दीन,
बिजाति विजित स्वजाति निंदित।
आत्मनिष्ठा सुकर्मशीलता,
से सर्व श्रेष्ठ जगत वंचित।।

मौन कर्म रत चिरकाल से,
धन-धान्य बुद्धि-मन संकल्प एक।
पर मुँह से एक न कटुक शब्द,
अथक कार्यरत अटल टेक।।

पर फिर भी अपमानित नित,
अपमान घूंट परवश मुख।
नीच भावों से ग्रसित मन,
जीवन बोझ करुण अश्रु सुख।।

कोटि वर्ष तक मूक बधिर,
नीरव अत्याचार पंक दल।
वर सहिष्णुता सनातन दुख,
बदले में धीरज संबल।।

मुठ्ठी भर सत्तू के बदले,
अटल जीवनी शक्ति का वर।
आधी रोटी के बदले,
तीन लोक का तेज प्रखर।।

रक्त बीज के तेज से युक्त,
सदाचार बल वर अप्रतिम।
बेजोड शांति-प्रीति मूक,
कार्य क्षण सिंह तुल्य दृग रक्तिम।।

महान कार्य की शुभ घड़ी,
में संभव बहुतेरे वीर।
का पुरुष सहज प्राणपण,
घोर स्वार्थ निष्काम सुधीर।।

परन्तु अत्यन्त हीन कर्म में,
अज्ञात भाव से प्रण अटल।
निस्वार्थ, कर्मपरायणता,
स्वधन्य अविस्मरण जगत पटल।।

उपुरोहितों का आधिपत्य,
क्षत्रियों का ऐश्वर्य अपार।
वैश्यों का धन धान्य विपुल,
जिनके श्रम सीकर विहार।।

अभिन्न अंग समाज के जो,
होकर के भी जघन्य बने।
परिश्रम के फलस्वरूप निंदित,
क्रमवय सिर घन घोर घने।।

पुरोहितों ने धर्म शास्त्रों,
पर एकाधिकार जमाकर।
विधि निषेधों को निज करों,
से नीरव ज्वार उठाकर।।

दलित-गलित नीरवता के,
मन में नीच जाति विश्वास।
कटु वाणी की आघातों,
से विस्मृत नर जीवन आश।।

अधोगति का मूल एक ही,
पुरोहितों का प्रपंच जाल।
पराधीनता दुर्गति निश्चय,
जघन्य कर्मों का भोग ब्याल।।

शोणित का जीवन दासत्व,
सर्वस्व समर्पण कर गगन हित।
शील भंग की खड्ग शीश पल,
मौन माँ-बहिन अपमानित।।

जिनके श्रम रुधिर से उन्नति,
निश्चिंत सदा विश्वास घातक।
कोल्हू के बैल मान जुएं,
जोत धनी मानी पातक।।

आजीवन भर तथा निम्न जन,
वंचित सिंचित जीवन उपवन।
न्याय संगत अधिकार चाह,
अब प्रतिज्ञ घन-नीर पंक मन।।

कथित नीच घर का सावन,
पर न आज मनुष्यत्व सुबोध।
भिखमंगों से क्षुब्ध हीन मन,
परवश बेचारे अबोध।।

कोटि जनों का कोप शीश,
जो परिलक्षित महाविनास।
अजस्र सरि के तीर पर भी,
तृष्णा को बस मल जल आश।।

अगिणित जंजीरों में बंधित,
विद्यमान भण्डारों के दर।
तीव्र घृणा लोकाचारो,
से कण को जीवन दूभर।।

जबकि सत-रज-तम निहित गुण,
सब में है न्यूनाधिक अंश में।
कालांतर में स्वमेव अग्र,
कार्य-कलापों के वश में।।

सकल अनर्थों की यही जड़,
जन साधारण की दुर्दशा।
फलतः विस्मृत मनुष्यत्व स्वरूप,
उर न प्रवल अभिजात इच्छा।।

धर्मान्तरण पथ न तेज वल,
महतो सब मन गढंत कथा।
पुरोहिती की जड़ता से,
विवश धर्मान्तरण पंथ तथा।।

चाण्डालों की दीन दशा,
का उत्तरदायी सकल घर।
दुरावस्था अवनति दुख जड़,
एक मात्र आज के उच्च स्वर।।

दोषी सही ढोंगी दम्भी,
जिनके कर अत्याचार अस्त्र,
पारमार्थिक सिद्धांतों वश,
कामी चाह चीर तन वस्त्र।।

कोई धर्म धरा न ऐसा,
मानवता का उपदेशक।
कोई धर्म जगत न ऐसा,
नीच जन का क्रूर शोषक।।

केवल छुआछूत में धर्म,
शेष तो मिथ्या के प्रलाप।
वर्ग भेद न धर्म में कोई,
निर्दोष धर्म झूठे बिलाप।।

मुठ्ठीभर जमीदारों ने,
ज्ञान-विद्या-बुद्धि-हथियाई।
राजशासन दंभ के वश,
अपनों पर गाज गिराई।।

फलस्वरूप अवाक एकदम,
विस्मृत स्वयं मानव काया।
दरिद्रों पतितों चाण्डालों,
के शीश न कोई साया।।

सदियों से धनी मानियों,
की आज्ञा सिर आखों पर।
दासत्व की जंजीरों में,
बंध निराश निज घावों पर।।

जन साधारण की दुर्दशा,
से अपमानित भरत भूमि।
अपवित्र-छूत-हीनता ही,
निराशा की तिमिर भूमि।।

कर्मकाण्डों से ऊब-डूब,
दार्शनिकों की गति विभ्रांति।
जड़वादियों की शरण में,
सूत्रपात मुक्ति महा क्रांति।।

जग के आगन में मेरा,
घर सबसे निर्धन बलहीन।
जहाँ शक्ति–नारी निरादर,
वहाँ नरक वैभव–विहीन।।

संगठित कार्य संपादन शक्ति,
का अभाव अनर्थों की जड़।
आज्ञा–पालन ही औषधि,
वसंत तभी द्वार पतझड़।।

अंततः दोष तो बड़े प्रबल,
उत्तरदायी सम्पूर्ण गगन।
दुर्बलता उर हीनता ही,
समाधान की मलय पवन।।

जब तक उनके दुख की निज,
उर में अनुभूति न होगी।
जब तक अपने भोर द्वार,
की बाहें सन्मुख न होगी।।

जब तक दोनों आत्म हृदय,
से ऐक्य न हो जाओगे।
धनी–दरिद्री साधु–असाधु,
मिल भेद मिटा डालोगे।।

तब तक संभव नहीं राष्ट्र,
का जग में कोई "उद्धार"।
अनंत पूर्ण में ही संभव,
चिरातीत भाग्य साकार।।

एकात्म मंत्र ही एकमेव,
अक्षय महामंत्र उन्नति का।
"जगराम" अभेद्य संगठन,
एकमेव शुभ प्रयत्न मुक्ति का।।

◆◆◆

लोकमाता जयशंकरी

सुमधुर क्षीर गंगा का,
निर्मल नीर गंगा का।
पावन तीर गंगा का,
धवल चीर गंगा का।।

विष्णु के पग से तरंगित,
ब्रह्मा के कमण्डल स्थिति।
शिव की जटा में भ्रमित,
भगीरथ तप जगविदित।।

महर्षि जह्नु की यह सुता,
सगर पुत्रों की त्राता।
लहरों के स्मित हास्य,
वेग-मुख-रौद्र माता।।

भारतीय, संस्कृति, धर्म,
का यह मूल आधार।
चिरंतन सृष्टि का प्रमाण,
मोक्ष का शाश्वत द्वार।।

अगाध श्रृद्धा की धाम,
भक्ति की एकमेव प्राण।
आदि एकता अखंडता,
की महिमा मंडित तान।।

उच्चारण स्मरण सुदूर,
फिर भी मग में विश्वास।
परम-शुचि भावना हृदय,
अद्भुत शांति की उच्छवास।।

अजस्र अतीत पहिचान,
सुस्मृति की गगन उत्तान।
स्वर्णिम प्रभात भविष्य की,
अमिट राष्ट्र का विहान।।

सजग राष्ट्रीय स्मृतियां,
आशायें विजय गान।
अतीत विजय पराजय,
ध्येय अविराम प्रमाण।।

संस्कृति-धर्म का प्रवाह,
जिसकी प्रतीक गंगा।
धरोहर रीति कर्मकाण्ड,
धार्मिक प्रतीक गंगा।।

लोक व्यवहार थाती,
एकाकार द्रुति प्रवाह।
निरन्तर आघातों में,
शेष प्रण आदि उछाह।।

युगों से व्रत अविराम्,
'धर्म ध्वजा' जगत महान।
कोटिक संतति के प्राण,
हरितनया नव विहान।।

विमुख पुत्र-पिता, पत्नि-पति,
सगे संबंधी बंधु सभी।
करें परित्याग न गंगा,
अटल प्रमाण जग अभी।।

जन्म से विलय तक गंगा,
लोक जीवन अभिन्न अंग।
सनातन गति अविराम,
अनथक ध्येयहित उमंग।।

अमृत मय सलिल पावन,
चिर संस्कृति की धर्म-ध्वजा।
गंगन सिंधु तक त्रैलोक्य,
अबाध अग्र विजय-ध्वजा।।

संस्कृति सभ्यता की जननि,
रही सुधामयी गंगा।
दैहिक-दैविक-भौतिक,
तापों को हरे गंगा।।

पर्वत शिखरों से निस्रत,
ऐसी जगत न सरिता।
जिसे शिव की जटाओं,
में सौभाग्य सुफलिता।।

लक्ष्मीपति पग प्रक्षालन,
के न भाग्य की तुलना।
सुरसरि सी दिव्य उपमा,
न अन्य कर सके तुलना।।

जग में और न कोई,
ऐसी धार्मिक सरिता।
सृष्टि से जनमानस में,
पवित्र देवी, न सरिता।।

उसके स्पर्श से पापों,
से मुक्ति मिलती क्षण में।
निरोगी तन क्षण करे,
शुभ्र शांति भरे क्षण में।।

गंगा है स्वयं इतिहास,
शाश्वत उज्ज्वल परम्परा।
कला-संस्कृति-पुराणों,
की अविरत अखंड त्वरा।।

जीव जन्तुओं की जननी,
स्वर्गिक महिमा मंडित माँ।
चरणों में जग सारा,
पुण्य प्रवाह अखंडित मां।।

सतत सोम सी धारा,
"विष्णु पगा" नाम शोभित।
जग जातिहित देव तुल्य,
छटा सकल जग मोहित।।

हे गंगे! जह्नु ऋषि पुत्री,
ब्रह्मा-विष्णु-शिव तुमि हो।
हे ऐश्वर्य शालिनि माँ,
तीनो शक्तियाँ तुमि हो।।

तुमि निराकार ब्रह्ममयि,
अपार महिमा वाली।
हे जल रूपिणी गंगे,
संताप हरनें वाली।।

गंगे जग की सौभाग्य,
शुभ्र वैभव नभ वितान।
तुमि स्वर्ग में मंदाकिनी,
भोगवती तल-विहान।।

राष्ट्र संस्कृति की अटल आस्था,
धरोहर प्राकृतिक यह।
शाश्वत धर्म की थाती,
पतित पावनी जग यह।।

शांति दायिनी गंगा,
ताप हारिणी गंगा।
जीवन दायिनी गंगा,
पाप बिनाशिनी गंगा।।

भौतिक अस्तित्व का सही,
साकार रूप गंगा।
भारत को शस्य श्यामल,
शुभ्र अमृतमयी गंगा।।

अनल से निरत निष्प्राण,
सूखे तृण क्षण श्मसान।
गंगा नीर का स्पर्श क्षण,
दग्ध पाप का अवसान।।

यह तो पाप विमोचिनी,
यह तो स्वर्ग हित-तरणी।
यह दुख शोक नासिनी,
यह सुख समृद्धि भरणी।।

कोटि जनों का उद्धार,
करने वाली गंगा।
मात्र यह न जल धारा,
जगत तारिणी गंगा।।

परम ध्येय आस्था की,
मात्र यह नही सरिता।
अपितु ईश्वरीय देन,
मात्र यह न जग रचिता।।

ममता की दिव्य प्रतिमा,
अर्पण-तर्पण की गरिमा।
एकात्मता की गाथा,
सनातन अखंड महिमा।।

तुमि वीणा की मधु लय,
तुमि संगीत का हृदय।
तुमि मन उत्ताल तरंगे,
तुमि जागरण का उदय।।

तुमि ऋषि मुनियों की इष्ट,
त्याग शौर्य की वेदी।
तुमि उत्थान जन-जन का,
चिर भाल की बेंदी।।

पुरातन पालना गंगे,
अविरत कल्पना गंगे।
चिरन्तन साधना गंगे,
नूतन भावना गंगे।।

गिरि उपकारिणी गंगे,
धीर धारिणी गंगे।
समर्पण रागिनी गंगे,
अमृत वाहिनी गंगे।।

चरणों की शरण गंगे,
अक्षय कल्याण वर गंगे।
बस युक्ति मुक्ति की गंगे,
उर स्वर भक्ति का गंगे।।

अमर यश "लोक माता",
तव जब तक सूर्य चंदा,
निर्भय "जयशंकरी" माँ,
जब तक सृष्टि की वृंदा।।

वास तीर अमिय क्षीर,
आश-हृदय धवल चीर।
भोर डोर छोर नीर,
शरण "जगराम" अधीर।।

◆◆◆

गौ-स्तवन

संस्कृति की आत्मा गौ
प्राण की आशा गौ।
अनंत की आभा गौ,
राष्ट्र की श्वांसा गौ।।

गौ वसुओं की सुता,
गौ रूद्रों की जननी।
घृतरूप सोम निधि,
अदिति सुत की भगिनी।।

तन देव गण वास,
पग में तीर्थ निवास।
मध्य अंग लक्ष्मी सदा,
पग रज भाल सुआश।।

जहाँ गौओं का घर,
वह तो तीर्थ भूमि।
वहाँ हो मृत्यु जिसकी,
वह पाये स्वर्गभूमि।।

गौ-तन में मनोरम,
सुगंधों की अक्षय निधि।
प्राणियों की प्रतिष्ठा,
मंगल भावना विधि।।

गौ भूत और भविष्य,
शाश्वत पुष्टि लक्ष्मी जड़।
गौओं को जो अर्पण,
अक्षय पुण्य सदा सुघड़।।

चेरियां अस्थि पसलियां,
मित्र वरुण बलिष्ठ स्कंध।
त्वष्टा अर्यमा तव कर,
शिव भुजायें अखंड।।

इन्द्रपत्नी पृष्ठ प्रदेश,
वायु पूंछ सुलक्षणी।
पवमान सुकोमल रोम,
बल नितम्ब जानु मणी।।

ब्रह्मा सबिता घुटने,
गंधर्व आदि पिंडलियां।
लघु हड्डी अप्सरायें,
अदिति खुर कुंडलियां।।

चित्त व्रत्त हृदय पुरीतत्,
बुद्धि यकृत भूख पेट।
सरस्वती मृदु आंते,
पर्वत अंतर्भाग फेंट।।

विश्व ब्यापिनी शक्ति त्वचा,
औषधियां रोम स्वर्ण।
नक्षत्र मोहनी रूप,
जलद दुग्ध कोष पूर्ण।।

दक्ष परमेष्ठि सींग,
इन्द्रसिर अग्नि ललाट।
यम सुकण्ठ की संधि,
मयंक भाल विराट।।

द्युलोक उपरि जबड़ा,
अवनी सुतल जबड़ा।
विद्युत जीभ मरुत दंत,
रेवती कंठ सुघड़ा।।

कृत्तिका सुदृढ़ कंधे,
ग्रीष्म ऋतु स्कंध की अस्थि।
वायु देव सकल अंग,
लोक स्वर्ग रुद्र पृष्ठ अस्थि।।

वक्ष श्येन अंतरिक्ष बल,
बृहस्पति कूबड़ सुभग।
वृहती छन्द अस्थि वक्ष,
देवांगनायें उमग।।

सर्वोत्तम अन्नपूर्णा,
सुरों को उत्तम हविष्य।
देव यज्ञ इन्द्र भाग,
अवलंवित सतत भविष्य।।

गौ ही यज्ञ का सुफल,
यज्ञों की शुभ प्रतिष्ठा।
गौएं सकल पुरुषार्थ,
गौ ही अटल शुभिच्छा।।

गौओं का गुण गान,
बिना न संभव शांति।
आठो याम कीर्तन,
सुवर वल-पुष्टि कांति।।

गौमूत्र गोवर से,
घृणा न तनिक मन में।
हृदय भाव न शोषण,
फलतः वर पुष्टि क्षण में।।

जब कि सम अवस्था में,
या विषम अवस्था में।
विपत्ति में यश कीर्तन,
ही निर्भय अवस्था में।।

यही प्रत्यक्ष विश्वरूप,
यही सर्वस्व सर्वरुप।
यही मातृ गौ रूप,
यही यथार्थ अनूप।।

गौ निरा पय दायिनि,
प्रत्युत कुटुंब जननी।
जीवित जागृत भाव,
मन की मुक्त रागिनी।।

सम्पूर्ण सृष्टि गौ रूप,
उपमा अतुलनीया।
जग निरूपम जननी,
सम ममत्व करणीया।।

गौ परम पूज्यनीय,
वंदनीय-पालनीय।
पवित्र भाव उर अखंड,
भली भांति शरणीय।।

धेनु सावित्री स्त्रोत्र,
पापों का विनासक।
अभिलाषित फल दायक,
सुदित्य कल्याण पालक।।

गौ-माता का दर्शन,
आस्था से परिक्रमा।
भुवनों की प्रदक्षिणा,
सुकल्याण की आत्मा।।

सदन सुरभि रूपिणी,
पृथक उत्पादि जननी।
सृष्टि प्राणियों की जड़,
परम कल्याण अवनी।।

उत्कृष्ट अन्नों की शक्ति,
मोक्ष की सम्पादिका।
भक्ष्य भूता हविष्यान्न,
मूल शक्ति उत्पादिका।।

जहाँ न शरण दाता,
अभय शरण प्रदात्री।
सर्वाधिक जगत पवित्र,
मंगल जात धात्री।।

प्रत्यक्ष स्वर्ग पथ भूता,
धन समृद्धि की सरिता।
सुनंदा ब्रह्म पुत्री जय,
अन्तर्बाह्य जग रचिता।।

विशुद्ध सत्व की तरनी,
मंत्र की साधन भूत।
चराचर आत्मा मन,
जग कल्याणिनि भभूत।।

गौ समान न सम्पदा,
गौ अक्षय लक्ष्मी मूल।
पाप-दोष हारिणी,
गौ धवल भाल धूल।।

गौ मंगल कामना,
गौ पितर श्राद्धस्थान।
मातृ स्वरूपा देवि,
जगत अभ्युदय उत्थान।।

सब अभीष्टों की सिद्धि,
परम मंगल दायिनी।
समस्त गुणों की खान,
पुरुषार्थ प्रदायिनी।।

गौ वदन के स्पर्श से,
सकल व्याधि निर्मूल।
गौ ग्रास सुदान से,
पुण्य सलिल मधुर कूल।।

खुर रज पाप नासिनि
दिव्य तीर्थ पुण्य समान।
मंगल कारिणि माता,
दुख दैन्य सिर कृपाण।।

सुरभि नाम का स्मरण,
सब पापों का मीच।
कुल उद्धारक सुनंदा,
लोक सशोक कुलीच।।

सुरभि विश्व की माता,
अमृत क्षीर से लज्जित।
परीभर यज्ञ गौ ध्रत,
प्राण वायु फल इच्छित।।

वाक देबी गायत्री,
प्राण गंगा जननी।
तन स्वामी मन सुरभि,
साधना गौ तरनी।।

चिर संस्कृति कर्म प्रधान,
यज्ञ–कर्म का ही रूप।
यज्ञ–चक्र गौ बिनु दुर्लभ,
गौ बिनु कर्म चक्र कुरूप।।

पाप न गौवध सरिस,
पातक कोटिक घात।
इह–परलोक रूपिणि,
भक्ष्य अधिष्ठात्री मात।।

शुभ सांस्कृतिक धार्मिक,
गौ सेवा ही कर्त्तव्य।
गोरक्षण, गो पालन,
गोसंवर्धन अघ्न्याहव्य।।

पुरुषार्थों की अर्चना,
सर्व देव मयि गौ माँ।
विश्व आयु सर्व पूज्या,
सर्व अभ्युदयी गौ माँ।।

मूर्तिमन्त परम शक्ति,
प्रतीक स्वरूपा माँ।
सत्य अभिव्यक्ति प्रेरिता,
अक्षुण्य शक्ति दायिनि माँ।।

ऋत स्वरूपा मंगला,
मोक्षमयि कामधेनु।
अनंत आद्या ज्योति,
स्वर्ण ज्योतिर्मयी रेणु।।

सुगम देव कार्य में,
भाग गृहण कारिणी।
वैभव में अलंकृत,
प्रभारि का व्यापिनी।।

सम्पूर्ण चेतन शक्ति,
की आत्मीय अनुभव।
दया धर्म मूर्तिमंत,
विकास क्रम का उद्भव।।

गौ माता जननी से,
कहीं पुनीत बढ़कर।
पय मान जीवन भर,
ममता मूर्ति बनकर।।

गौ माँ विशुद्ध सत्व मयि,
देवि अवनि प्रतिमूर्ति।
विश्व पालन आधार,
मंगल अभ्युदय संपूर्ति।।

सुरभि निरपराधिनी,
निर्दोष शांति दायिनि।
महिमा अखंडनीय,
भाग्य संवर्धन कारिणि।।

सम्मुख में गौ माता,
विमुख में गौ माता।
हृदय में गौ माता,
नित्य वास गौ माता।।

सुरभि स्वर्ग तुल्य सुख प्रद,
गौ चित्प्रधान अभिव्यक्ति।
आनंद प्रधान देवि,
आधिदैविक दिव्य शक्ति।।

गौरस से वागिन्द्रिय,
गौरस से प्रज्ञा शक्ति।
गौरस से अद्‌भुत वल,
गौरस से प्राण शक्ति।।

गौरस से श्रेष्ठ सिद्धि,
गौरस से सत्युग बुद्धि।
गौरस से सोम अन्न,
गौरस सोम तुल्य शुद्धि।।

गौ माँ परम पूज्या,
नित्य प्रात! स्मरणीया।
गौ माता जगदम्बा,
श्री हरि रूप पूज्या।।

जब तक परम पूज्या,
गौ का हो अनादर।
तब तक न संभव सुख,
शांति का भोर प्रखर।।

जिस भूमि में गौरक्त,
की एक बूंद भी दृष्टि।
उस भूमि में शुभ कर्म,
व्यर्थ-निष्फल अविलंब सृष्टि।।

गौ हत्या अति आश्चर्य,
अपराध लोक हत्या।
गौ वध सांकर्य दोष,
अभिशाप जघन्य हत्या।।

गौ के दुखीपन से,
सभी प्रजा भी दुखी।
संत, चेतना, जग दुखी,
आज राष्ट्र प्रिय दुखी।।

गौ यशो अवर्णनीय,
सकल पाप विनासक।
गौ हत्या मातृहत्या,
अपौरूषेय जातक।।

गौ निखिला गम निगम,
प्रतिपाद्य वंदनीया।
अमित शक्ति प्रदायिनी,
हितकारिणी पूज्या।।

गौ रूपो तीर्थ में,
गंगा आदि का धाम।
पावन धूलि में पुष्टि,
धर्म सम्पन्न नित्य प्रणाम।।

गौंए सदा श्री मूल,
गौ निष्पाप स्थिति अटल।
गौ बंधुत्व का संबंध,
गौ विहीन गृह विकल।।

जहाँ गौ का सुवास,
वहां की रज पुनीत।
वह स्थान तीर्थ सरिस,
संस्कारों की प्रीत।।

हे निष्पापे सुनंदा,
तुमि देवों की जननि।
यज्ञ की कारण रूपा,
सब तीर्थों की तरनि।।

प्रात! स्मरणीया माँ,
कोटिक देव सुवास।
अनंत कोटि नायिका,
जाति-धर्म, संस्कृति आश।।

जन जन की इष्ट देवि,
राष्ट्रीयत्व की प्राण।
अनूप महिमामयी,
विनष्टि सकल भव त्राण।।

हे सोम क्रयणी गौ,
चिदात्मा बुद्धिरूपा।
मनः स्वरूपा पूज्य रूपा,
रूपा सुर मां अदिति रूपा।।

हे वाणी रूपिणी,
सोम समर्थ प्रवृत गौ।
हे दिव्य गुण युक्त नंदा,
सोमलता क्रयणि गौ।।

हे वसुमती माता,
साधना की समाधि।
पित्त रूप स्वर्णधारिणि,
मंगलमयि, विनष्टि व्याधि।।

भारत की देह गौ,
भारत की कथा गौ।
भारत के प्राण गौ,
भारत की प्रथा गौ।।

प्राण से प्यारी गौ,
नयन की आश गौ।
ममता की मूर्ति गौ,
वात्सल्य आपूर्ति गौ।।

संबल की सागर गौ,
मोक्ष की गागर गौ।
क्षोर के बादल गौ,
नेह का सावन गौ।।

गौ सावन की थाह,
गौ जीवन की राह।
गौ कल्पवृक्ष की छांह,
गौ भारत की आह।।

हृदय चाह एक सवल,
आदि अंत तक गौ भक्ति।
गौ 'स्तवन' चरण अर्पण,
प्रभु "जगराम" को शक्ति।।

◆◆◆

जय भारती

जब यह सृष्टि रची विधाता ने,
दिव्य दृष्टि से गढ़ी विधाता ने।
शुभ्र रूप नया सा रचा श्रेष्ठ,
नारी को गढ़ा विधाता ने।।

स्वर्ग लोक की मंदाकिनी सी,
भूपालों की पटरानी सी।
कभी घर की नौकरानी सी,
कभी दर–दीन भिखारिनी सी।।

कभी विधवा या सुहागन सी,
कभी विवस या वैरागिनि सी।
कभी नूतन या पुरातन सी,
कभी कल्पना या आलिंगन सी।।

अति सुन्दर कभी कुरूपित सी,
धवल दर्पण कभी कलंकित सी।
सवला भी प्रचण्ड अचंभित सी,
अबला भी प्रलय सशंकित सी।।

कभी पवित्रता की अमिट रेख
कभी कोमल पर पूजा थाल।
कभी शीलवती–लजीली सी,
कभी शोषित कर कृपाण ढाल।।

कभी रौद्र प्रलय हठीली सी,
कभी पथ से विमुख सहस्र वार।
कभी सहती सहर्ष दुख अपार,
कभी शंकित हिरणी सी पुकार।।

कभी गर्जना निःशंकित सिंहिनि सी,
कभी जननी की ममता दुलार।
कभी चण्डी का सा रूप सभय,
कभी बिछड़ों के सुकंठ हार।।

प्रलयों को गोद मोद संवार,
सृजन की गति निरख सलज्ज काल।
नारी सृजन नाद की वारी,
सावन के पथ का धवल भाल।।

माता कहकर जब जगती ने,
नारी जाति का सम्मान किया।
सोम तभी हो गया मलिन निज,
मन ही मन में विष घूंट पिया।।

अक्षय आदर अलौकिक महिमा,
असीम श्रद्धा न किसी को मिली।
स्नेह सिन्धु अंतर में उमड़ा,
अभय आसक्ति उर सहर्ष फली।।

पावनी देह सुमलयी गहे,
संकट घन घोर अपमान क्लेश।
संकट काल में विजयी प्रेम,
शाश्वत अविरत न किंचित शेष।।

भगिनी कहकर जब जगती ने,
ममता स्नेह का ज्वार सिंधु उर।
एक प्राण दो देह पुलकित अंतर,
कुंज हरित सावन स्वर नुपुर।।

अपमानों में ज्वाल कमल दृग,
पलक विकट क्षण के आंगन में।
दीर्घ भुजाओं में रक्षित मान,
चाह एक हृदय भर सावन में।।

बेटी कहकर जब जगती ने,
स्नेह अमित अंतर सर्वस्व दिया।
वैभव सुख सुविधा की चिंता,
सब सुख ह्रस्व असीम उमंग हिया।।

मेरे हित जीवन संचय विक्रय,
जिससे मेरा जीवन निर्वाध।
संपूज्य पिता की एक मात्र यह,
जीवन साध-सिद्धि भले अनुबंध।।

भगिनी कह कर जब जगती ने,
कर में कर ले अर्द्धांग भेंट।
एक जन्म ही नहीं शाश्वत साथ,
परस्पर जीवन एक नीड़ फेंट।।

वन्या कह जब पुरुष पिशाच से,
क्षण अपमानित उपेक्षित बंचित।
अरक्षिता,-दलिता-तप्ता नंगा,
पाशवता की सिर असह्य सिंचित।।

अबला कातर दीन धर्म लज्जा,
के आगे लज्जिता अपमानित।
पुत्र-पिता-भाई-स्वामी सन्मुख,
अनाथ सब पौरुष हीन जनित।।

सब पूज्यों में पूज्यतम जनक,
जन्म दाता से वर अन्नदाता।
इनसे सौ गुनी श्रेष्ठ माता,
क्योंकि गर्भधारण-पोषण नाता।।

दस उपाध्यायों से श्रेष्ठ जो,
एक आचार्य का धवल गौरव।
पिता सौ आचार्यों से उत्तम,
सहस्र पिता से वर माँ वैभव।।

माता की सेवा सौ स्वर्ग फल,
दीर्घायु यश, स्वर्ग-कीर्ति, पुण्य बल
लक्ष्मी, पशु सुख, धन धान्य अथाह,
सब अमिट सुख निधि सहज पद तल।।

कृतघ्न, गुनमेटे, पापी, दुर्जन,
निर्लज्ज-धिक्कार-जगत कपूत नर।
जन्म बृथा जगत उन अधमों का,
जो जननि की सेवा से दूर।।

आसन बड़ा पिता से माँ का,
स्वर्ग से बढ़कर जननि की गोद।
तीन लोक में गुरु न दूजा,
और कहीं न जननी सा मोद।।

माता, धरित्री, जननी, देवी,
दयाद्रि ह्दया, निर्दोषा दया।
त्रिभुवन, श्रेष्ठा, स्वधा, ध्रति क्षमा,
पद्मा, विजया, सर्व दुःख हा जया।।

परम आराधनीया, शान्ति,
दुखहन्त्री, स्वाहा, शिवा, गौरी।
इक्कीस नाम जपे माँ के जो,
मिले अंत में हरि की पौड़ी।।

दूध पिलाने वाली माता,
गर्भधारण करने वाली माँ।
भोजन देने वाली माता,
गुरु पत्नी, सौतेली बहिन, माँ।।

इष्टदेव पत्नी, नानी, माता,
बुआ, पिता पत्नी, मौसी, माँ।
पुत्र वधु, सासु, दादी माता,
सहोदरा बहिन सुपावन माँ।।

भाई की पत्नी सुभग माता,
मामी, सब सोलह जग में माँ।
सर्व हितकारिणी जग कल्याणी,
सकल सुपावन जगती में माँ।।

ग्राम सेविका बन दुखियों के,
दुख में भी नित हांथ बंटाती।
ग्राम नगर में भटक भटक कर,
रुग्ण दुखियों को प्यार लुटाती।।

एक हाथ में झाड़ू पोंछनी,
स्वच्छता का भी ढंग बताती।
धर्म सत्संग करके नारी को,
सुंदर धर्म-मर्म बोध कराती।।

जननि बन पुत्र सपूत बनाये,
भामिनि बन निज कंत सुधारे।
अपनें सद्‌गुणों से दोनों कुल,
को जगत से साध्वी उबारे।।

रीति अटल स्थापित निज तप बल,
पति कुल धर्म जग करे नित रक्षित।
यश-अपयश बिना सिया न संभव,
नारी मोक्ष द्वार सुफल इच्छित।।

देव अतिथि तुलसी की पूजा,
गौ माता के हित प्रथम ग्रास।
अर्घ्यदान और दीपदान नित्य,
सुपावन गृहणी के सुखरास।।

नारी गृहस्थी की पुजारिनी,
तुलसी विविध विटप सींच सजल।
होम हित अनल संचय सुयतन,
स्नान भजन कर अन्न करे निर्मल।।

ग्रह सेवा भक्ति का अंग सुभग,
घर बाहर केवल तीर्थ हेतु।
घर भीतर केन्द्र व्यापार का,
सहभागिन, नित विभिन्न वय सेतु।।

कला कौशल में प्रवर प्रवीण,
संस्कृत साहित्य विदुषी महान।
श्रृंगार के अतिरिक्त विविध रूप,
पतिव्रता शुभ गृह देवि प्रमाण।।

तू कामधेनु का सुमधुर पय,
शुचि धवल जैसे गंगा नीर।
तू सुधा क्षीर निधि की थाती,
देवत्व नेह की सुहृदय पीर।।

तू स्नहे पूर्ण निर्झर चंचल मन,,
युग से निर्वाध उपकार अटल।
कल-कल छल-छल सुमधुर तरंगें,
युग-युग से निष्काम सोम सुफल।।

तू एक रूप पर विविध स्वरूप,
अगणित वेश परिवेश नाना।
तू सचमुच दो अपितु अस्तित्व एक,
भावों का बज्र रण का बाना।।

तू अधीर दृगों में अश्रुधार,
सुरसरि की सी उत्ताल तरंगे।
जगभर को शिशु सा अंक समेट,
पतझड़ को सींचे बन गंगे।।

तू ही निशीथ में मरघट पर,
सुत वियोग में अवला विलाप।
तू ही तन का जर्जर पट चीर,
सुत तन ढक विवस दीन प्रलाप।।

तू बिजन देश के झुरमुठ में,
सरिता तट में सांझ के प्रहर।
निज सुत हिंत अवला दीन हीन,
सुत बिरह में जीवन बलि सत्वर।।
तू आदिशक्ति कर असुर भंजन,
अतुलित बल पौरुष का स्वरूप।
तु भुवन कल्याणिनि त्रय देवी,
बल, ज्ञान, धन, का तेज अनूप।।
तू पतिव्रता सती अनुसुइया,
जग अमिट कहानी नारी की।
तु मदालसा का आत्म ज्ञान,
नभ गर्वोन्नत भाल नारी का।।
तू तारा, वृंदा सुलोचना,
पति के सुख–दुख में शीत छांव।
तु ही शबरी अपमानित नित,
हरि प्रीति ह्रदय बस चाह चाव।।
तू ही तो स्मृति पूत प्रणय की,
पत्थर उर अभेद्य संकल्प विवस।
तु तो धर्म संकट की विवशता,
निरा निष्ठुर घोर स्वार्थ के वश।।
तू कैकेयी कर्त्तव्य बोध हित,
स्वमेव विषपान अविचल निर्भय।
तु कौशल्या का पाषाण ह्रदि,
पितु वचन हित आत्मोत्सर्ग ह्रदय।।
तू सुमित्रा निश्चला वारि वलय,
असीम उछाह सुत उपकारी।
निर्मल ह्रदय में न चाह कोई,
न्यौछावर की गाथा सारी।।

तू सीता शीत घाम छाया,
जीवन भर कंटक पंथ शयन।
पर निश्छल लगन कंत पद कमल,
अंत तीर तक प्रतीक्षित नयन।।

तू देवकी तात कारा की,
शुष्क नयन सम्मुख सुत प्राण हीन।
तू भाग्य शालिनी नन्द प्रिया,
स्वर्ग अतुलित वैभव कान्ति हीन।।

पलक बिछौनों पर श्याम झलक,
दूभर जीवन बिना उर ललक।
आघात विरह पाषाण मौन,
दृग मरु उर मुख इंद्रिय अपलक।।

वात्सल्य मौन निपट निष्ठुर स्नेह,
मचल-अचल दामिनि मेघ बांह।
निशदिन प्रति पल दीन अश्रु अनल,
विवस तप्त चाह आह विधु छांह।।

तू व्यथित हृदय विरहिन अनाथ,
वन वेशी जीवन घोर वलय।
आश-लता सींच नेह सुधा,
जीवन की स्वांसे भोर विलय।।

तू शकुन्तला कुंठित वनवासिनि,
जना भरत सा भारत सपूत।
उपेक्षाओं में अविचल आश,
पति दासी, सुत जग शुभ्र अभूत।।

निपतित जब राधा सुत, आंगन,
विभूषित विश्व जीत पार्थ समर।
उर तीर कुंती सिर घन विषाद,
उर पश्चाताप अति प्राण अधरी।।

तू तीव्र वेदना सुभद्रा की,
उर चीर अधीर जनु मुकुर खण्ड।
अनुभूति हलाहल सी सशोक,
प्राण हीन सुत सरि नीर प्रचंड।।

तू निरीह अनाथ गांधारी,
शत सुत नयन सन्मुख चिता ज्वाल।
वत्सलता गोदी समर विहाल,
पाषाण वक्ष व्यथित उर विशाल।।

तू कृष्णा घोर प्रतिशोध मूर्ति,
अविराम हृदय अपमान अनल।
शोषित पान बस संकल्प अडिग,
लज्जित सवला हृदय दाह प्रवल।।

तू कुंती सुत हित व्यथित बदली,
लाचार-विवस सुख नीड़ हीन।
बिन नयन नीर सावन कदली,
मर्यादाओं का पंक पंख हीन।

तू सती सावित्री भोर किरण
पतिव्रत का तप बल तेज पुंज
अपराजित व्रत लज्जित काल बल,
विधि को उलटि पुनः वसंत कुंज।।

तू पद्मिनी शुभ्र महिमा महान,
शौर्य विभा का दिवा तरुण स्वप्न।
कुल परम्परा हित न्योछावर,
बस तन भस्म शेष कर इच्छावर।

तू पन्ना अतीत का त्याग पृष्ठ,
व्रत हृदय दृढ़ पालन राज धर्म।
बलिहार स्वयं की स्वांस आश,
निज हित से वर अभिलाष स्वधर्म।।

तू जीजा तम में भोर सुभग,
गोदी की शोभा भानु प्रखर।
कांति हीन शशि उर भर उमंग,
तम अंत क्षितिज तक विहान चंवर।
तू लक्ष्मी स्वाभिमान का तेज,
कर प्रलय कृपाण आदि वक्ष उद्यत।
साक्षात पौरुष ममता को खा,
लघु समाधि अपितु कीर्ति उन्नत।।
तू दुर्गा रण चण्डिका, स्वरूप,
अरि वक्ष चीर प्रलय शंखनाद।
शोणित सरि में अगणित अरिमुंड,
अर्पित जीवन पुष्प कर सिंहनाद।।
तू सच सृष्टा की सृष्टि अलौकिक,
तू अगणित ऐसी दिव्य ज्योति।
तू प्रलय स्नेह की सोम धार,
तू धूप छांव सुखद अनुभूति।।
तू नन्ही भोली सी गुड़िया,
तू राखी पर अपलक दुलार।
तू कामिनि भोली रजनी सी,
तू जननी का नित असीम प्यार।।
तू मधु भोली छबि उपवन की,
तू भगिनि निश्छल सुधि सावन की।
तू शशि शय्या मुख वसंत मौन,
तू अकथ प्रसव-सुत आंगन की।।
तू तरनी सिन्धु अथाह धार,
तू करुणा की नव तुहिन लाज।
तू आंचल का आमोद अमिय,
तू मृदु मानस परिवर्तित साज।।

तू अवनी की छवि अतुल प्रभा,
तू नर मन मधुप मधुर गुंजन।
तू स्वांसों की सुखमय सुरभी,
तू मधु ऋतु ललित-कलित कुंजन।।

तू निर्मल कान्ति शांति नभ की,
तू निशा मौन शशि-कला धवल।
तू भानु-किरण पंकज शोभा,
तू बकुल मुकल सी मृदुल सवल।।

तू त्रिगुणा त्रिविध स्वरूप धन्या,
तू जननि-कन्या-कामिनि, उदार।
तू भव उदधि में तरनी संवल,
तू सृष्टि स्थिति-कर्म-कारण संहार।।

परामर्श में सचिव श्रेष्ठ गुणी,
सेवा में तत्पर निर्मल-दासी।
भोजन में जननि शयन रति सुख,
धर्म संगिनि सहिष्णु महि गुण रासी।।

अबला कहता जो मूढ निरा,
तू सवला अतुलित शौर्य खान।
चरणों में सकल जग नतमस्तक,
वलिहारी बल पौरुष प्रमाण।।

जब काल सदृश कंपित वसुधा,
जब दया दृष्टि मन मंदिर यश ध्वनि।
जब ताण्डव समर अरि चीत्कार,
जब ममता उर जग जय प्रतिध्वनि।।

जब निष्ठुरता चरण शीश स्वजन,
विष वाक्य हृदय में प्रखर शूल।
मन-बचन-कर्म की थाह अगाध,
बस मौन शास्त्र कह नेति भूल।।

बिना स्फूर्ति के जग जीवन व्यर्थ,
बिना पूर्ति के इतिहास कूप।
बिना विभूति जगती कोष रिक्त,
बिना रहस्य मूर्ति ईश अनूप।।

बिना शांति के असंभव अशांति,
बिना क्रांति के सृष्टि धर्म असंभव।
बिना श्रान्ति कर्त्तव्य निष्ठा विक्षिप्ता,
बिना भ्रान्ति के अन्वेषण उद्भव।।

महातेज स्रोत उज्ज्वल सतीत्व,
तेज में दीपक का प्राण रवि।
तरनी भव सिन्धु की एक मात्र,
तरुण तेज में तरु शीतल-छवि।।

औरों को स्वजन, स्वजन विरह,
औरों का सदन, जन्म तज।
क्षमा; दया, सुशील, शीतलता,
महात्याग की धवल मूर्ति रज।।

आंचल में जीवन सुधा बृद्धि,
असीम स्नेह का उदधि अगाध।
अतुल निधि जगत महिमा महान,
सपूतों की पुण्य कोख अबाध।।

अबला मिथ्या बस सबला मात्र,
समर्थ करे वही अटल प्रमाण।
सेवक अनन्य जो आश्चर्य शेष,
उर वेध नव दुख बचन कृपाण।।

यही विवस व्यथा निष्प्राण बीज,
उर ज्वाल लपट परिणाम विचित्र।
भोगी-योगी तन कुश आसन,
मण्डित तिलक मनोहर सर पवित्र।।

सवला समर्थ जनु गिरि वसुंधरा,
संकेत मात्र महोदधि अवरुद्ध
अवलंवित सृष्टि का प्रत्येक अणु,
उत्तुंग शिखर पल में नत विरुद्ध।।
वाणी में भरा अप्रतिम रहस्य,
निर्लिप्त भोग से क्षण मुकुर चूर।
मानस के मल को सद्मार्ग पर,
सीधी-साधी वर नेह पूर।।
सबले! अतीत की अजेय शक्ति,
पुन! सुप्त पौरुष को पहिचानो।
भर उर अपने साहस प्रचंड,
कर दूर तिमिर समर प्रस्थानो।।
जीवन पंथ कर्म-धर्म अनुकूल,
प्रणय मूल भूल कटिवद्ध सत्वर।
पछुआ पवनों का रौंद शीश,
संवेदना हृदय की रण तत्पर।।
सुमन कली सा अपमान वदन,
स्मृति क्षणिक स्वाभिमान हित प्राण।
रणवीर सपूतों की जननी,
अभिमान स्वयं के कर कृपाण।।
हे महा शक्ति कर ब्रह्मास्त्र,
निर्माण राष्ट्र का कर अष्टभुजा।
अरि दलन अवश्य आंगन विहान,
भारत का गौरव गगन गुंजा।।
माता पिता की अभिलाष मूर्ति,
परिजनों की स्वाभिमान पूर्ति।
जिस आंगन में धूम उच्चाम्बर,
उर गेह वस वैभव सम्पूर्ति।।

छविमान गगन वह शशि मुख छबि,
मधु–ऋतु जिससे कानन मुस्कान।
मेघ घटा से बिरचो यौवन,
महि से वैभव रवि से विहान।।
दीर्घायु जीवन धन शुभ्र कीर्ति,
सुयश सुहृद सुख अरिदल मलीन।
अपलक उर दीपक ज्योति धवल,
रवि–शशि से ज्योतित सुत प्रवीण।।
जो प्रयत्नशील सब कार्यों में,
जो सब कार्यों में विलक्षण दक्ष।
जो पुत्र प्रसविनी, शुचि पतिव्रता,
धर्म भामिनी पति प्यारी सुलक्ष।।
नीरसता में सदा सरसता,
प्रेम पय की अविराम धारा।
सेवा–प्यार–दुलार दया प्रति,
पालन पोषण सृजन सहारा।।
जननी–भगिनी–कामिनी सजल,
बहु प्रकार वैभव सुखकारी।
ममता की प्रतिमा की निन्दा,
जो, वह घोर नरक अधिकारी।।
ऊषा नवेली सी दृग अतृप्त,
मानस कलि का ध्वनि शांति सुधा।
अभिनव शोभा यौवन आभा,
एकांत शांत अमिय स्नेह दुधा।।
उत्कर्षित प्रण रण तरंग उमंग,
वस ध्येय अटल अरिदल विनाश।
निश्चय सपूत हृदय अभिलाषा,
अरुणोदय लाली राष्ट्र आश।।

घोर अपमानों में भी अचल,
बस ज्ञान-ध्यान में स्वाभिमान।
अत्याचारों से अवला जर्जर,
केवल सतीत्व संभव विहान।।

यह तो कन्या संपूज्या जगत,
भगिनी जगविदित स्वतंत्र आश।
यह तो पत्नी न्योछावर जीवन,
पितामही पंच कोटि प्रयास।।

सती सावित्री ललकार नियति,
शैव्या सतीत्व की अमंद रश्मि।
सीता दमयन्ती अपराजित,
देवहूति अनूप पंच सती रश्मि।।

श्रेष्ठ सती, पार्वती, अरुन्धती,
अनुसुइया शांडिली पतिव्रता।
पंच पतिव्रता नारी प्रधान,
आभूषण सृष्टि वलिहार प्रथा।।

रमा, राधिका, सीता, गौरी,
ब्रह्माणी दिव्य धाम की स्वामिनि।
पंच दिव्य धामेश्वरी संपूज्य,
अनुरूप न अन्य सर्व सिद्धि कामिनि।।

वामन जननी अदिति का वंदन,
राम जननी कौशल्या प्रणाम।
जयति देवकी यशुदा मइया,
रोहिणी पंच अवतार धाम।।

संयोगिता रणहित पति श्रृंगार,
दुर्गावती अरि विष बाना।
कैकेयी कर रथ धुरी समर,
कर्म देवी लक्ष्मी वीरांगना।।

देवि अहिल्या, द्रोपदि, मंदोदरि,
कुंती, तारा जगत मेधन्या।
परम अनुग्रह भाजन हरी की,
जग महापुनीता पंच कन्या।।

अनुसुइया, शबरी, गोपीजन,
मीरा, विदुरानी, वंदनीय।
पांच देवियां भक्ति मती जगत,
शुचि जगजननी प्रातः स्मरणीय।।

यह महा तेज माया लीला,
यह सुप्ता, बहिन, भामिनि प्रमाण।
यह ऋद्धि-सिद्धि शक्तिदा लक्ष्मी शिवा,
यह चिर साया श्रीराम प्रमाण।।

यह मोहनी राधा कृष्णा की,
इनके रग-रग में असीम बल।
यह चिर संगिनि अनुपम प्रभात,
यह शांति-कान्ति की अटल संवल।।

दुर्जय सत्ता की प्रवल महाशक्ति,
मानवता का अतुल पंथ सुगम।
सम्पूर्ण सृष्टि की जननि अभिराम,
विधि संसृति का प्रयास अनुपम।

अडिग सतीत्व की उज्ज्वल गरिमा,
शाश्वत राष्ट्र का अक्षय गौरव।
बस सौभाग्य और दुर्भाग्य संग
शुभ कृपा मात्र से ही संभव।।

असह्य घोर दुख तन सहे सहज,
अपितु सत्य न विस्मृति अपलक सन्मुख।
अनल परीक्षा पग-पग कठोर,
धवल मेघ दामिनि सी शशि मुख।।

हाय! अतीत अब किंचित न शेष,
साकार भस्म अब बस तुहिन स्वप्न।
शुभ्र चरित्र के न शेष अवशेष,
पथ–बीथि बीच भव सजग प्रयत्न।।

जो अनूप आभूषण वे,
सब जल अनल राख आज हार।
शील धीर मृदुता दया दीप,
भोर तीर पर पट बिलुप्त वार।।

हाय! रूप के मद में पग–पग,
दिव्य अतीत तन पर कठपुतली।
सत्यपथ का पथ त्याग कनक मन,
चौखट आंगन पागल बदली।।

बस लाज राष्ट्र की पंकज कर,
घोर निशा तज नव भोर आश।
दुर्वलता भीरुता तज सुविधे,
सती तेज से संभव प्रयास।।

महावले! सृष्टि आधार तुम्हीं,
बीज मंत्र भुवन कल्याण तुम्हीं।
सुरसरि सी मोक्ष धाम तुम्हीं,
सुरतरु सुरगो गुण खान तुम्हीं।।

ऊषा! विहान का नाद तुम्ही,
तम में आशा की किरण तुम्ही।
पतझड़ में वसंत बहार तुम्हीं,
भारत की भारति प्राण तुम्हीं।।

देवी! ताण्डव की तान तुम्हीं,
रजनी–तम का अवसान तुम्हीं।
सद्‌कर्मों का नव आह्वान तुम्हीं,
प्राची लाली का मान तुम्हीं।।

शुभे! महासिन्धु का ज्वार तुम्हीं,
पूर्णिम शशि मलयी छांव तुम्हीं।
मरु उर को सावन सोम तुम्हीं,
शरणागत आश्रय ठांव तुम्हीं।।

भाग्ये! अक्षय भण्डार तुम्हीं,
अपरिमित रत्नों की खान तुम्हीं।
वैभव गर्वोन्नत गान तुम्हीं,
सावन की स्नेहिल बांह तुम्हीं।।

सबले! जीवन चैतन्य तुम्हीं,
भवसागर में पतवार तुम्हीं।
राहों में आश्रय घाट तुम्हीं,
अनुगामिनी मुक्ति कपाट तुम्हीं।।

पुण्ये! अनल लव रूपिणी तुम्हीं,
मलयागिरि की मोहनी तुम्हीं।
आश को क्षितिज की ओट तुम्हीं,
भारति! की हृदय कचोट तुम्हीं।।

हे देवी! शिवा, महादेवी,
तुम को शत कोटि-कोटि प्रणाम।
हे प्रकृति, भद्रा, रौद्रा, गौरी,
तुमको शत कोटि-कोटि प्रणाम।।

हे नित्या! धात्री, सुख स्वरूपा,
तुमको शत कोटि कोटि प्रणाम।
हे जगदम्बा, चन्डरूपिणी,
तुमको शत कोटि-कोटि प्रणाम।।

हे सिद्धि स्वरूपा! ज्योत्सनामयी,
तुमकों शत कोटि-कोटि प्रणाम।
हे सर्वाणी, दुर्गा, लक्ष्मी, कृष्णा,
तुमको शत कोटि-कोटि प्रणाम।।

हे नैऋत्री! ख्यति, दुर्गपारा,
तुमको शत कोटि-कोटि प्रणाम।
हे सर्वकारिणी धूम्रा देवी,
तुमको शत कोटि-कोटि प्रणाम।।

हे सारा! सौम्य रौद्ररूपा,
तुमको शत कोटि-कोटि प्रणाम।
हे जगकृति देवी विष्णु माया,
तुमको शत कोटि-कोटि प्रणाम।

हे चेतना! बुद्धि, छाया, क्षुधा,
तुमको शत कोटि-कोटि प्रणाम।
हे निद्रा, शक्ति, तृष्णा, क्षान्ति जाति,
तुमको शत कोटि-कोटि प्रणाम।।

हे लज्जा! शान्ति, श्रद्धा, कान्ति,
तुमको शत कोटि-कोटि प्रणाम।
हे लक्ष्मी वृत्ति, स्मृति, दया भ्रान्ति,
तुमको शत कोटि-कोटि प्रणाम।।

हे तुष्टि! मातृ अधिष्ठात्री व्याप्ति,
तुमको शत कोटि-कोटि प्रणाम।
हे कल्याणी! साधना भूता,
तुमको शत कोटि-कोटि प्रणाम।।

हे वसुन्धरे। बस धीर धरो,
प्राची में रवि का चीर तीर।
'जय भारती' को सिंहासन पर,
आसीन भले गगन वक्ष चीर।।

लोक जननि! अजस्र स्वर्णिम विहान,
से देदीप्यमान मानस मोती।
पश्चिम के भ्रमित पथहीन डगर,
के ही आंगन "जगराम" ज्योती।।

◆◆◆

पतवार

चिरपुरातन नित्य नूतन,
सृष्टि का आधार हूँ मैं।
सृजना से प्रलय अंतर,
व्योम का विस्तार हूँ मैं।।

बीज का भी उदर अंतस,
सिंधु की नव अठखेलियां।
अकुंरण का स्फुरण अभिनव,
तुहिन की मधु रंगरेलियां।।
अंक के पर्यंक में विधु,
रवि वसंत संहार हूँ मैं।।

आदि के सृजन नाद के,
राग की उत्कट प्रतीक्षा।
शून्य व्यथित अंतः करण की,
विराम के पथ समीक्षा।।
निशा ऊषा गोदी का,
पल्लवित संसार हूँ मैं।।

दिव्य ब्रह्मवाणी का उद्भव,
श्रुति में आकण्ठ समाहित।
सुक्ष्म में विराट ताण्डव,
क्षितिज लघु ज्योति प्रवाहित।।
जलद मय जल कण स्वयं,
अमा पूर्णि ज्वार हूँ मैं।।

चर अचर का प्रदीप्त पथ,
प्राणमय घट निहारिका।
चैतन्य की चिति क्षितिज तक,
अनंत पूरित तारिका।।
निस्पृह आलिंगन आकण्ठ,
प्राण का संचार हूँ मैं।।

विधिना की लेखिनी का,
सनातन कल-कल निनाद।
कर्म-अकर्म-विकर्म का अवश्य,
यथा कर्मफल श्रुति प्रसाद।।
धर्मयुत न्याय के सामर्थ्य,
विजय की पुकार हूँ मैं।।

प्रलयंकर की रागिनी,
प्रलयमय नवलय वितान।
काल के कपाट भूषित,
अचंभित अरुणिम विहान।।
काल कवलित निशीथ की,
प्रलयी फुसकार हूँ मैं।।

प्रकृति पथिक की मोहनी,
नटि छवि सुधासम प्रतीत।
भक्ति में पीयूष विधुका,
द्रोह में अंगार अतीत।।
तिमिर पथ में दीप दर्शक,
जीव का उद्धार हूँ मैं।।

त्रयचर-अचर पंच प्राण,
मलय मधुमय बाहों में।
भुवन भूषित जय पूजित,
सजल पथ की राहों में।।
निर्गुण सगुण जय विजय में,
ऊँकार उच्चार हूँ मैं।।

वेदों शास्त्रों पुराणों,
उपनिषदों में तत्व दर्शन।
ग्रन्थों, सद्‌गन्थों, इतिहास,
में जड़ चैतन्य आकर्षण।।
ज्ञान विज्ञान के आंगन,
मर्म का अवतार हूँ मैं।।

मुनियों तपस्वियों संतों,
की अविचल दिव्य साधना।
ध्येय में अटल ध्यानियों
की अविच्छिन्न आराधना।।
यज्ञ की नव भगवा लहर,
की वसंत बहार हूँ मैं।।

धर्म के दसमुख विभा का
ज्योतित सजीला प्रभात।
गुण-काल-रस-निधि-भक्ति-स्वर,
ऋतु-लय-नवोदित सुगात।।
सुभग आलिंगन अजर हित,
विधुरस की धार हूँ मैं।।

मीति की नवनीत रीति,
प्रीति का बंधन सजीला।
गीत की अनुभूति तीति,
जीत का स्पंदन सुरीला।।
लौकिक-अलौकिक अभिव्यक्ति,
का प्रणय श्रृंगार हूँ मैं।।

पावस की शैशवी तृप्ति,
शरद की सन्निकट हलचल।
हेम का नव ज्वार अंतर,
शिशिर का भूचाल सवल।।
वसंत मधु, तरनि अमिट सत्य,
दृष्टि का आकार हूँ मैं।।

कानन के आंगन में,
विटपों का रूप मोहक।
विहगों के रव की गुंजित,
कुहुक मधुर तान छोहक।।
स्वच्छन्दता के आनंद,
का मुक्त अधिकार हूँ मैं।।

तड़ाग निर्झर सरिता सिंधु,
का अमिय सा नीर निर्मल।
दिवस संध्या निशि ऊषा,
के मिलन का प्रहर चंचल।।
रसना के मधुपआनन,
का मधु व्यवहार हूँ मैं।।

रति की मदमाती उमंग,
ममता की घोर बदली।
गतितट नवोदित तरंग,
अवनति की बीथि कजली।।
लक्ष्मण के पार पाप पुण्य,
संयोग आचार हूँ मैं।।

धूप-छांव का मधु प्रणय,
आवागमन तन्मय विरह।
प्रीति की निःस्तब्ध घनेरी,
वासना की मलय सतह।।
अंतर के अंतस की मेघ,
गर्जन का प्रहार हूँ मैं।।

घृणा की दुर्गन्ध अपावन,
नेह का अमिय आलिंगन।
सहजता का शुभ्र आंचल,
मधुरता का स्निग्ध सिंचन,
आत्मीयता के अंक का,
नूतन उपहार हूँ मैं।।

पुरुषार्थ के अनमोल रत्न,
रवि की भोर सी आभा।
सौंदर्य के प्रसून तीर,
शौर्य की अतीत शोभा,
क्षितिज के वियोग की बलि,
शपथ की कतार हूँ मैं।।

ईश भी और जीव भी,
सृष्टि की चर अचर कृति भी।
आदि भी और अंत भी,
आवागमन की वृत्ति भी।।
जन्म–मृत्यु के अटल बंधन,
का कुटिल कुठार हूँ मैं।।

तापो में प्रलापों में,
राहो में कुराहो में।
नाथो में अनाथो में,
बाहो में प्रदाहों में।।
तरनि में पथिक को मलय,
की अमिय बयार हूँ मैं।।

अखण्ड और प्रचण्ड में भी,
स्वच्छन्द और उमंग में भी,
निस्तब्ध और स्पंद में भी,
नि:सक्त और विहंग में भी।।
अपेक्षा के सिंधु तट के,
ममत्व की कछार हूँ मैं।।

प्रकृति के रोम रोम में,
"भारत" दिव्य प्रकाश पुंज।
गंगोत्री अजस्र पावन,
मलयानिल का अक्षय कुंज।।
स्वांसों में परमात्म तत्व,
मंगल मोक्ष द्वार हूँ मैं।।

प्रभुता का प्रभुत्व शाश्वत,
वैभव की प्रभा अखण्डित।
गुरुता का गुरुत्व अतुलित,
समृद्धि की नव निधि अचंभित।।
चेतना की आत्मा का,
अभेद्य आगार हूँ मैं।।

आशा का केन्द्र भारत,
स्वांसा का केन्द्र भारत।
प्रकाश का केन्द्र भारत,
विकास का केन्द्र भारत।।
वैशाखी समर्थ भारत,
पथ का सवार हूँ मैं।।

चकाचौंध की होड़ में,
असत प्रगति की दौड में।
अलक्ष्य पंथ के मोड़ में,
कपट नीड़ के जोड में।।
मांझी को मंझधार में,
आश की कगार हूँ मैं।।

मैं हूँ उक्त अमर भारत,
नव सृष्टि का कल्याण उद्‌भव।
समष्टि का आदि अंत प्राण,
"जगराम" सुप्रमाण संभव।।
परमेष्ठि का महामंत्र,
भव की "पतवार" हूँ मैं।।

◆◆◆

उपकार

गर्वोन्नत नभ का सिंहासन,
हमें नहीं चाहिए।
ऊँचा अनंत का जीवन,
हमें नहीं चाहिए।।2।।

जिसके आनन से केवल
झूठी विस्मित गर्जन।
जिसके नयनों से केवल,
घड़ियाली अश्रुकण।।
ऐसा पाखण्डी आकर्षण,
हमें नहीं चाहिए।।

जिसके आंगन का गौरव,
पर के शोणित पर।
जिसके भाल की शुभ्र विभा,
कोटिक घावों पर।।
ऐसा कुवेर का वैभव,
हमें नहीं चाहिए।

जिसकी विशालता अनंत,
शोषित हृदयों पर।
जिसका भोग विलास अकथ,
पीड़ित आहों पर।।
ऐसी मिथ्या ऐश्वर्य छटा,
हमें नहीं चाहिए।।

जिसकी नभ यशो पताका,
दामिनि बन कौंधे।
जिसकी उन्नत उन्मत्त शिखा,
दुखियों को रौंदे।।
ऐसा कपटी लाक्षागृह,
हमें नहीं चाहिए।।

जिसने औरों की स्वांसों,
को अपनी मानी।
जिसने औरों की थाती,
को अपनी जानी।।
ऐसी निरा स्वार्थी प्रवृत्ति,
हमें नहीं चाहिए।।

जिसने औरों के शोणित,
को अपना माना।
जिसने औरों के वैभव,
को अपना जाना।।
ऐसी कपटी मनोप्रवृत्ति
हमें नहीं चाहिए।।

जिसने औरों की मति पर,
अधिकार जमाया।
जिसने पर की संपत्ति पर,
निज महल बनाया।।
ऐसी स्वार्थमयि वासना,
हमें नहीं चाहिए।।

अपनों का ही शोणित पी,
निज पेट बढ़ाया।
अपनों की ही छाती पर,
भव्य महल बनाया।।
ऐसी घोर तामसी तृप्ति,
हमें नहीं चाहिए।

अपनों का चीर हरण कर,
मन खुशी मनाई।
अपनों का शील भंगकर,
घर बजी बधाई।।
ऐसी व्यभिचारी खुशियाँ,
हमें नहीं चाहिए।।

अपनों को लूट-लूट कर,
निज भंडार भरे।
अपनों के गले काट कर,
घर खुशहाल करे।।
ऐसी ओछी रीति नीति,
हमें नहीं चाहिए।।

सारी झूठी चमक-दमक,
सब मिथ्या आकर्षण।
सारी झूठी निष्कंट कुमुक,
सब मिथ्या नभ गर्जन।।
ऐसी क्षण भंगुर नव उमंग,
हमें नहीं चाहिए।।

जोड़ कमाई झूठ ठगी,
से जग महान बने।
निर्वल के रक्त पसीने से,
उर नंदन सपनें।।
ऐसे तक्षकी आभूषण,
हमें नहीं चाहिए।।

इतना ऊँचा जीवन भी,
क्या कोई जीवन।
जो पर के काम न आये,
ऐसा क्या जीवन।।
ऐसा यह पशुवत जीवन,
हमें नहीं चाहिए।।

जिसकी शीतल छांव कभी,
भी काम न आयी।
जिसकी मलय सुगंध कभी,
भी वसंत न लायी।।
ऐसे बिना अंबुके अंबुद,
हमें नहीं चाहिए।।

जिसने दुखियों को कभी निज,
गले नहीं लगाया।
जिसने अपनी गोदी में,
कभी न बैठाया।।
ऐसी निर्मोही सी छाती,
हमें नहीं चाहिए।

ऐसे उच्चस्तर से अपना,
कल्याण नहीं संभव।
ऐसे झूठे धन से भी,
उद्धार नहीं संभव।।
यह अधर्म पाप की आशक्ति,
हमें नहीं चहिए।।

ऐसे जीवन के बिन ही,
नरकीय श्रेयस्कर।
ऐसी स्वासों के बिन ही,
निर्जीविता पुरस्कर।।
बिना मलय की मधु बयार,
हमे नहीं चाहिए।।

ऐसे गौरव वैभव से,
संतोष न मन को।
झूठे कनक सिंहासन से,
उछाह न अंतर को।।
ऐसे स्वप्नों का मधु मोक्ष,
हमें नहीं चाहिए।।

हरि! अंतिम बस चाह यही,
उसे पूर्ण अब कर।
काम सदा आऊँ जन-जन,
के ऐसा दो वर।।
दुखियों की सेवा-व्रत बस
हमें यही चाहिए।।

स्वाभिमान से शीश उठे,
पर घमण्ड न आये।
दृग से करुणिम धार बहे,
पर भेद न रोये।।
ममता–समता का आंचल,
हमें यही चाहिए।।

वाणी में अक्षय सोमरस,
हर–उर मधु घोले।
सजल शील की पूर्णिम छबि,
अनंग बन डोले।।
करुणा का विधु उपहार,
हमें यही चाहिए।।

असहायों की वैशाखी,
मानस की स्वासें।
तरनी की पतवार भंवर,
अंतस की उछाहें।।
हृदय की अंतिम रव समर्पित,
हमें यही चाहिए।।

अनाथों के शीश आंचल,
आश्रय संवल छांव।
उदर उदधि का उर विशाल,
लघु रत्नों का ठांव।।
व्यथित मेघ की मधु पावस,
हमें यही चाहिए।।

पथ की अविराम वेदना,
सुख-दुख सहभागी।
सावन के अमिय नेह से,
संतृप्त मरु अभागी।।
शोणित का सर्वस्व समर्पण,
हमें यही चाहिए।।

हर भूखे को आहार और,
पिपासों को नीर।
निवलों को उपहार और,
हर नंगे को चीर।।
पग-पग पलकें सेवा में,
हमें यही चाहिए।।

हर तपते को छांव और,
कंपित को आलिंगन।
हर उजड़े को ठांव और,
सृजन को अभिनंदन।।
दीपों की नव आश-अर्पित,
हमें यही चाहिए।।

जन मन का दृढ अवलंबन,
पंथ सुमन बिछौना।
पतझड़ के उजडे आंगन,
में वसंत सलोना।।
सुख-दुख में प्रतिबिंब समान,
हमें यही चाहिए।।

तापों से पीड़ित हृदयों,
में सुधा की धार।
घोर अमा की कालरात्रि,
में पूर्णिम बयार।।
शेष न बंचित कोई अलक्ष्य,
हमें यही चाहिए।।

जहाँ तक अंबर का अंबर,
सेवा की चादर।
जहाँ तक रवि इंदु निहार,
आंसू का सागर।।
भेद रहित सेव्य-भावना,
हमें यही चाहिए।।

स्वांसों के तारों के स्वर,
यथा सर्वस्व समर्पण।
प्राणों की शाश्वत नव स्फुर,
गति पर- सेवार्पण।।
"जगराम" बस 'उपकार' व्रत,
हमें यही चाहिए।।

◆◆◆

प्रतिकार

जानें कितनें अपमान सहे,
बोलो कैसे चुपचाप रहे।
जानें कितनें उर घाव लगे,
बोलो कैसे अब क्षमा करें।।

जिसने निपट जड़ समान जगत,
को जीवन का रहस्य बताया।
जिसने धुप अंधियारे उर में,
आत्मज्ञान का दीप जलाया।।
ऐसा धर्म सनातन नष्ट किया,
बोलो कैसे अब क्षमा करें।।

जिसने अपनी परम्पराओं,
से हर प्राणि मात्र को पाला।
जिसने अपने अमिय क्षीर से,
पूर्ण देवत्व रूप में ढाला।।
ऐसी संस्कृति पद से रौंदी,
बोलो कैसे अब क्षमा करें।।

जिसने अपनें धन धान्यों से,
सारे जगत का कल्याण किया।
जिसने अपनें सुख वैभव से,
सचराचर का सोद्धार किया।।
ऐसा स्वर्ण भारत उध्वस्त किया,
बोलो कैसे अब क्षमा करें।।

जिसने अपने शोणित से जग
को परमार्थ से सींचा।
जिसने अपनी मलय सुगंध से,
समष्टि का महकाया बगीचा।।
ऐसा चिर भारत खंड किया,
बोलो कैसे अब क्षमा करें।।

जिसने अक्षय ज्ञान विज्ञान से,
पशु से महामानव बनाया।
जिसने अपनें संस्कारों से,
मानवता का पाठ पढाया।।
ऐसा गुरु राष्ट्र उजाड किया,
बोलो कैसे अब क्षमा करें।।

जिसने श्रेष्ठ सदाचारों से,
पशुवत जीवन को महकाया।
जिसने अपने धवल चरित्र से,
मनुज को नारायण बनाया।।
ऐसा शुचि राष्ट्र पथभृष्ट किया,
बोलो कैसे अब क्षमा करें।।

जिसने जगत के पत्थर उर को,
मानवीय धर्म-कर्म समझाया।
जिसने शेष-शून्य मानस में,
मधुमय जीवन सुमन खिलाया।।
ऐसा राष्ट्र कांतिहीन किया,
बोलो कैसे अब क्षमा करें।।

जिसके कोटिक ऋषि मुनियों ने,
सद्मार्ग–सत्कर्म पंथ दिखलाया।
पशु से नर, नर से नारायण,
बननें का दिव्य योग सिखाया।।
ऐसा भारत मरूभूमि किया,
बोलो कैसे अब क्षमा करें।।

जिसके कच्छपावतार प्रभु नें,
विश्व वंधुत्व महामंत्र सिखाया।
जिसके मत्स्यावतार हरी ने,
महाप्रलय काल में बचाया।।
ऐसा भारत सिर हीन किया,
बोलो कैसे अब क्षमा करें।।

जिसके बारह रूप प्रभु नें,
सनातन मानव धर्म सिखाया।
जिसके नरसिंह स्वरूप प्रभु ने,
पतझड़ में सावन बरसाया।।
ऐसा भारत बलहीन किया,
बोलो कैसे अब क्षमा करें।।

जिसके वामन स्वरूप प्रभु नें,
नव आशा का सूर्य उगाया।
जिसके परशुराम स्वरूप ने,
महाविजय का शंख बजाया।।
ऐसा राष्ट्र प्राणहीन किया,
बोलो कैसे अब क्षमा करें।।

जिसके महाराज भागीरथ,
धरती पर माँ गंगा लाये।
समष्टि की चिर कल्याण कामना,
उर खुशियों के दीप जलाये।।
ऐसा भारत मणि हीन किया,
बोलो कैसे अब क्षमा करें।।

जिसके श्रीरामावतार ने,
पतितों को गले लगाया।
मर्यादा पुरुषोत्तम बनकर,
विश्व वंद्य आर्य धर्म सिखलाया।।
ऐसा भारत यशहीन किया,
बोलो कैसे अब क्षमा करें।।

जिसके श्री कृष्ण रूप हरी नें,
सनातन धर्म पंथ अपनाया।
धर्म को जग में पुनर्स्थापित कर,
सबका जीवन अभय बनाया।।
ऐसा भारत फलहीन किया,
बोलो कैसे अब क्षमा करें।।

जिसके अजेय आदि शंकर ने,
जीवन नौका पार लगाई।
अपनें योग, ज्ञान, तप, बल से,
शुभ्र सुरसरि की धार बहाई।।
ऐसा भारत तपहीन किया,
बोलो कैसे अब क्षमा करें।।

जिसके महाराजा चंद्रगुप्त,
ने हेलेना को स्वीकारा।
वसुधैव कुटुंबकम अमृत मंत्र,
का साकार किया रण नारा।।
ऐसा राष्ट्र दीन-हीन किया,
बोलो कैसे अब क्षमा करें।।

जिसके विक्रम ने निज विक्रम से,
पावन स्वर्ग धरित्री पर लाये।
सचराचर को सानंद किया,
रामराज्य भू पर लाये।।
ऐसा भारत अवसान किया,
बोलो कैसे अब क्षमा करें।।

जिसके परमवीर अशोक ने,
अहिंसा का सदा प्रचार किया।
प्रेम और भाई चारे का,
जीवन भर दिव्य उपदेश दिया।।
ऐसा भारत खंडहर किया,
बोलो कैसे अब क्षमा करें।।

जिसके वीरवर समुद्रगुप्त ने,
सबको एक सूत्र में पिरोया।
अखण्डता का शंखनाद कर,
सबको स्वर्ण राज्य में डुबोया।।
ऐसा भारत शवधाम किया,
बोलो कैसे अब क्षमा करें।।

जिसके रणवल ने जाबुल से,
सबको पुत्र समान पाला था।
अपने बल पौरुष से सबको,
निर्भय-सुखी करने वाला था।।
ऐसा भारत खलिहान किया,
बोलो कैसे अब क्षमा करें।।

जिसके बल पौरुष से सारा,
पश्चिम निर्भय होकर सोता था।
जिसके दुर्जय राज्य में कोई,
विवस-दुखी-दैन्य न होता था।।
ऐसा भारत पटहीन किया,
बोलो कैसे अब क्षमा करें।।

ऐसे उपकारी राजा को,
छद्म संधि षडयंत्र से मारा।
निर्दोष प्रजा का संहार कर,
पराधीन जाबुल बेचारा।।
ऐसा राष्ट्र दुखी दैन्य किया,
बोलो कैसे अब क्षमा करें।।

जिसके पूत बप्पा रावल ने,
अपनी विजय ध्वजा फहराई।
निर्दोषों का संहार करके,
जिसने कभी न खुशी मनाई।।
ऐसा भारत परहीन किया,
बोलो कैसे अब क्षमा करें।।

जिसने आजीवनभर कोई,
भी भेदभाव न किया कभी।
अपनी पूत समान प्रजा की,
परिपूर्ण की सुविधायें सभी।।
ऐसे भारत पर घात किया,
बोलो कैसे अब क्षमा करें।।

जिस दाहिर ने पापी को जब,
रण में घोर विपत्ति में पाया।
मैत्री भाव दिखाकर अपना,
करुणिम मैत्री हाथ बढ़ाया।।
ऐसा भारत फणहीन किया,
बोलो कैसे अब क्षमा करें।।

जब तक पापी घोर विपत्ति में,
तब तक कोई समर न होगा।
मानवता की घोर निशा में,
विश्वास घाती और न होगा।।
ऐसा भारत पद रौंद दिया,
बोलो कैसे अब क्षमा करें।।

पापी ने सुखपाल आदि को,
भी छल-कपट चाल से मारा।
पश्चिम भारत पराधीन किया,
और वेद माँ सिंधु को कारा।।
ऐसा राष्ट्र पराधीन किया,
बोलो कैसे अब क्षमा करें।।

धर्मगज देव ने भी जब समर,
में म्लेच्छ पापी को हराया।
मृत्युदान और शरण विपत्ति में,
देकर अपनें गले लगाया।।
ऐसा भारत असहाय किया,
बोलो कैसे अब क्षमा करें।।

कपटी पापी ने अवसर पा,
कर सहसा धावा बोल दिया।
धर्मगज देव को निद्रा में ही,
टुकड़ों टुकड़ों में काट दिया।।
ऐसा भारत सर्वनाश किया,
बोलो कैसे अब क्षमा करें।।

जिस पृथ्वीराज ने पापी को,
समर सोलह बार तक छोड़ा।
उस विश्वास घाती पापी ने,
नृप को एक बार भी न छोड़ा।।
ऐसा भारत अधःत्राण किया,
बोलो कैसे अब क्षमा करें।।

जिसके महाराणा सांगा,
मिट गये धर्म समर के कारण।
छल-कपट-घात न किया युद्ध में,
वलि-आचार-शील के कारण।।
ऐसा भारत कर हीन किया,
बोलो कैसे अब क्षमा करें।।

जिसके परम वीर प्रताप ने,
परहित घास रोटियां खायीं।
अरि–नारी, जननी समान कह,
सुत से भी क्षमा मंगवायी।।
ऐसा राष्ट्र मुखमलीन किया,
बोलो कैसे अब क्षमा करें।।

जिसके वीर रणजीत सिंह ने,
ईश्वर की संतानें माना।
सबको समान प्रेम बांट कर,
पुरखों का पूर्ण किया सपना।।
ऐसा भारत शक्ति हीन किया,
बोलो कैसे अब क्षमा करें।।

जिसके रणवीर शिवाजी ने,
निर्दोषों को कभी न सताया।
अरि की माँ बहिनों को रण में,
वापस ससम्मान भिजवाया।।
ऐसा भारत शुचिहीन किया,
बोलो कैसे अब क्षमा करें।।

जिसके तिलक–पटेल–बोस ने,
राष्ट्र भक्ति का नव संदेश दिया।
सर्वस्व समर्पण वाली भावना,
का समष्टि को अप्रतिम मंत्र दिया।।
ऐसा भारत रक्तहीन किया,
बोलो कैसे अब क्षमा करें।।

जिसके अगणित ऋषियों मुनियों,
ज्ञानी, वैज्ञानी वीरों ने।
समष्टि यज्ञ में आत्महवन,
परिपाटी डाली धीरों ने।।
ऐसा भारत छविहीन किया,
बोलो कैसे अब क्षमा करें।।

जिसने कभी नहीं जीवन में,
अधर्म-असत्य का उपदेश किया।
जिसने कभी नहीं जीवन में,
अन्याय-अनीति का भाष किया।।
ऐसा भारत रविहीन किया,
बोलो कैसे अब क्षमा करें।।

जिसने कभी नहीं जीवन में,
पाखण्ड झूठ का समर्थन किया।
ईर्ष्या-छल-प्रपंच-विद्वेष-स्वार्थ,
का जिसने कभी न साथ दिया।।
ऐसा राष्ट्र नीड़ हीन किया,
बोलो कैसे अब क्षमा करें।।

जिसने अलौकि ज्ञान विज्ञान,
पूर्ण निस्वार्थ भाव से बांटा।
जिसने संस्कृति-कला-सभ्यता से
सारी वसुंधरा को पाटा।।
ऐसा राष्ट्र शीलहीन किया,
बोलो कैसे अब क्षमा करें।।

जिसने कभी नहीं जीवन में,
परनारी का शील भंग किया।
जिसने कभी नहीं जीवन में,
बच्चों निःसक्तों का संहार किया।।
ऐसा राष्ट्र मानहीन किया,
बोलो कैसे अब क्षमा करें।।

जिसने कभी नहीं जीवन में,
अवध्यों-निर्दोषों का वध किया।
जिसने कभी नहीं जीवन में,
अधर्म-घृणा-कपट से युद्ध किया।।
ऐसा भारत सिरकुचल दिया,
बोलो कैसे अब क्षमा करें।।

जिसने कभी नहीं जीवन में,
देवालय-धर्मालय नष्ट किये।
जिसने कभी नहीं जीवन में,
भवन-पुण्य, धर्मग्रन्थ-पशु जलाये।।
ऐसा भारत अग्नि जला दिया,
बोलो कैसे अब क्षमा करें।।

जिसने कभी नहीं जीवन में,
छद्म-दानवता का साथ दिया।
जिसने कभी नहीं जीवन में,
दूसरों को पराधीन किया।।
ऐसा भारत राजहीन किया,
बोलो कैसे अब क्षमा करें।।

जिसने कभी नहीं जीवन में,
पर का राज्य और धन हड़पा।
जिसने कभी नहीं जीवन में,
पर को दास बनाकर झड़पा।।
ऐसा राष्ट्र गर्त समान किया,
बोलो कैसे अब क्षमा करें।।

जिसने कभी नहीं जीवन में,
परनारी का अपहरण किया।
जिसने कभी नहीं जीवन में,
मानवता का पट हरण किया।।
ऐसा राष्ट्र महानरक किया,
बोलो कैसे अब क्षमा करें।।

जिसने कभी नहीं जीवन में,
शरणार्थी पर आघात किया।
जिसने कभी नहीं जीवन में,
राग-द्वेष वश रक्तपात किया।।
ऐसा भारत स्वरहीन किया,
बोलो कैसे अब क्षमा करें।।

जिसने कभी नहीं जीवन में,
वासनाओं वश संहार किया।
जिसने कभी नहीं जीवन में,
धर्मोन्मादी बन संहार किया।।
ऐसा भारत छत्र-हीन किया,
बोलो कैसे अब क्षमा करें।।

जिसने कभी नहीं जीवन में,
स्वार्थ में विश्वास घात किया।
जिसने कभी नहीं जीवन में,
व्यष्टि हित समष्टि का विनाश किया।।
ऐसा भारत रज हीन किया,
बोलो कैसे अब क्षमा करें।।

जिसने कभी नहीं जीवन में,
आप-पराये में भेद किया।
जिसने कभी नहीं जीवन में,
मिथ्या तत्व ज्ञानोपदेश किया।।
ऐसा राष्ट्र विभव हीन किया,
बोलो कैसे अब क्षमा करें।।

जिसने कभी नहीं जीवन में,
धीरज-धरम-चरित्र को छोड़ा।
जिसने कभी नहीं जीवन में,
ईश्वर-समष्टि-राष्ट्र को छोड़ा।।
ऐसा राष्ट्र शांतिहीन किया,
बोलो कैसे अब क्षमा करें।।

जिसने घोर संकटों में भी
शाश्वत धर्म का पंथ न छोड़ा।
जिसने घोर संकटों में भी,
सदाचार-आध्यात्म न छोड़ा।।
ऐसा राष्ट्र तेजहीन किया,
बोलो कैसे अब क्षमा करें।।

जिसने घोर संकटों में भी,
मानवता को गले लगाया।
जिसने घोर संकटों में भी,
सद्गुण-सन्मार्ग-शील अपनाया।।
ऐसा राष्ट्र भावहीन किया,
बोलो कैसे अब क्षमा करें।।

जिसने घोर संकटों में भी,
नारी को माँ-भगिनी माना।
जिसने घोर संकटों में भी,
अरि को भी बंधु बांधव जाना।।
ऐसा राष्ट्र शिखाहीन किया,
बोलो कैसे अब क्षमा करें।।

जिसने घोर संकटों में भी
अरिदल का अतिथि सत्कार किया।
जिसने घोर संकटों में भी,
परहित जीवन बलिदान किया।।
ऐसा राष्ट्र हृदयहीन किया,
बोलो कैसे अब क्षमा करें।।

जिसने घोर संकटों में भी
सम्पूर्ण तन-मन-धन दान किया।
जिसने घोर संकटों में भी,
निष्प्राण को भी नव प्राण दिया।
ऐसा राष्ट्र सोमहीन किया,
बोलो कैसे अब क्षमा करें।।

264

जिसने घोर संकटों में भी,
निज रूधिर–अस्थियां तक दान की।
जिसने घोर संकटों में भी,
अनाथों को खुशियां भेंट की।।
ऐसा राष्ट्र गानहीन किया,
बोलो कैसे अब क्षमा करें।।

जिसने घोर संकटों में भी,
आत्मस्तुति परनिंदा को त्यागा।
जिसने घोर संकटों में भी,
स्वयं स्वधर्म हित बना अभागा।।
ऐसा राष्ट्र पूज्यहीन किया,
बोलो कैसे अब क्षमा करें।।

जिसने घोर संकटों में भी,
कर्म फल की भी न चिंता पाली।
जिसने घोर संकटों में भी,
मातृभूमि को भेंटी लाली।।
ऐसा राष्ट्र लालहीन किया,
बोलो कैसे अब क्षमा करें।।

जिसने घोर संकटों में भी,
विश्व बंधुत्व भाव नहीं छोड़ा।
जिसने घोर संकटों में भी,
अपना पूज्य आर्यत्व न छोड़ा।।
ऐसा राष्ट्र धारहीन किया,
बोलो कैसे अब क्षमा करें।।

फिर भी परकीयों ने उसके
सनातन धर्म को अपवित्र किया।
फिर भी परकीयों ने उसके,
पुनीत आध्यात्म को नष्ट किया।।
अब तो राष्ट्र कर्त्तव्य विमुख हुआ,
बोलो कैसे अब क्षमा करें।।

फिर भी परकीयों ने उसकी,
पावन संस्कृति को कुचल दिया।
फिर भी परकीयों ने उसकी,
पुण्य रीति-नीति का दलन किया।।
अबतो राष्ट्र बिना चीर हुआ,
बोलो कैसे अब क्षमा करें।।

फिर भी परकीयों ने उसके,
शुचि मान बिन्दुओं को तोड़ा।
फिर भी परकीयों ने उसके,
पावन धर्म ग्रन्थों को फाड़ा।।
अब तो राष्ट्र बिना तीर हुआ,
बोलो कैसे अब क्षमा करें।।

फिर भी परकीयों ने उसकी,
मातृभूमि को खंड-खंड किया।
फिर भी परकीयों ने उसकी,
गंगा-गौ का अपमान किया।।
अब तो राष्ट्र बिना दीप हुआ,
बोलो कैसे अब क्षमा करें।।

फिर भी परकीयों ने उसके,
सदाचार का शील भंग किया।
फिर भी परकीयों ने उसकी
प्रिय संतानों का संहार किया।।
अब तो राष्ट्र बिना नीर हुआ,
बोलो कैसे अब क्षमा करें।।

फिर भी परकीयों ने उसके,
सभी खेत खलिहान जलाये।
फिर भी परकीयों ने उसके,
घर-वैभव-धन-धान्य जलाये।।
अब तो राष्ट्र भिक्षुक दीन हुआ,
बोलो कैसे अब क्षमा करें।।

फिर भी परकीयों ने उसकी
मानवता को दास बनाया।
फिर भी परकीयों ने उसकी,
छाती पर भव्य महल बनाया।।
अब तो राष्ट्र जीर्ण-शीर्ण हुआ,
बोलो कैसे अब क्षमा करें।।

फिर भी परकीयों ने उसकी,
प्रतिमा को हाटक निर्वस्त्र किया।
फिर भी परकीयों ने उसकी,
ममता करुणा का हास किया।।
अब तो राष्ट्र पूर्ण विवस हुआ,
बोलो कैसे अब क्षमा करें।।

फिर भी परकीयों ने उसकी,
सज्जनता को कायरता कहा।
फिर भी परकीयों ने उसकी,
चिर परम्पराओं को ढोंग कहा।।
अब तो राष्ट्र बिन सारथि हुआ,
बोलो कैसे अब क्षमा करें।।

फिर भी परकीयों ने उसकी,
सनातन मर्यादा को लूटा।
फिर भी परकीयों ने उसकी,
अविच्छिन्न वसुंधरा को लूटा।।
अब तो राष्ट्र खंडित मूर्ति हुआ,
बोलो कैसे अब क्षमा करें।।

फिर भी परकीयों ने उसकी,
कंचन काया को मलीन किया।
फिर भी परकीयों ने उसको,
सभी प्रकार से कंगाल किया।।
अब तो भारत मृतप्राय हुआ,
बोलो कैसे अब क्षमा करें।।

बस "प्रतिकार" ही धर्म शेष अब,
दिव्य गांडीव उठाओ धनुर्धर।
अत्याचारी का सिर कुचलना,
यह हिंसा नहीं अहिंसा धनुर्धर।।
आर्य! श्रीकृष्ण सारथि तुम्हारे,
प्रबल प्रतिकार अब करो समर।।

पांचजन्य का घोष करो और,
नेत्र तीसरा खोलो प्रलयी।
आर्य धर्म संस्थापना पुनः करो,
जिससे धर्म शाश्वत हो विजयी।।
ऐसा घोर संग्राम करो,
जिससे छिपे तरुण भानु प्रखर।।

शुभ शांति बचन अब धर्म नहीं,
पुनः पहनो केशरिया बाना।
तलवार कसो पुरखों वाली,
अत्याचारी का सिर कुचलना।।
अब भारत तभी जी सकेगा,
जब वह बज्र प्रतिकार करेगा।।

शुभ शांति बचन अब धर्म नहीं,
सीमाओं ओर प्रस्थान करो।
महाप्रलयंकर बनकर रण में,
पांचजन्य का प्रचण्ड नाद करो।।
अब भारत तभी जी सकेगा,
जब वह बज्र प्रतिकार करेगा।।

शुभ शांति बचन अब धर्म नहीं,
अरि को दो-दो हाथ दिखा दो।
जिसने शील को भीरु समझा,
उसको ताण्डव रूप दिखादो।।
अब भारत तभी जी सकेगा,
जब वह बज्र प्रतिकार करेगा।।

शुभ शांति बचन अब धर्म नहीं,
दुश्मन की भाषा में उत्तर दो।
पापी ने जैसा दुष्कर्म किया,
उसको वैसा ही प्रतिफल दो।
अब भारत तभी जी सकेगा,
जब वह बज्र प्रतिकार करेगा।

शुभ शांति बचन अब धर्म नहीं,
अत्याचारियों का दमन करो।
जिसने धर्म संस्कृति को रौंदा,
उस अरि का समूल नाश करो।।
अब भारत तभी जी सकेगा,
जब वह बज्र प्रतिकार करेगा।।

शुभ शांति बचन अब धर्म नहीं,
अपराधियों के शीश कुचल दो।
जिसने मंदिर आश्रम तोड़े,
उन्हें मौत के घाट सुला दो।।
अब भारत तभी जी सकेगा,
जब वह बज्र प्रतिकार करेगा।।

शुभ शांति बचन अब धर्म नहीं,
आतंकियों को स्वाद चखा दो।
जिसने नृशंस नरसंहार किया,
उनके कुल के दीप बुझा दो।।
अब भारत तभी जी सकेगा,
जब वह बज्र प्रतिकार करेगा।।

शुभ शांति बचन अब धर्म नहीं,
असुरों के टुकड़े टुकड़े कर दो।
जिसने अन्याय आगजनी की,
उनके घर में आग लगा दो।।
अब भारत तभी जी सकेगा,
जब वह बज्र प्रतिकार करेगा।।

जिस जिसने भी अपमान किया,
उनके भी मुँह काले कर दो।
जिस जिसने भी कुदृष्टी डाली,
उनकी आखों में विष भर दो।।
अब भारत तभी जी सकेगा,
जब वह बज्र प्रतिकार करेगा।।

जिस जिसने भी पट हरण किया,
उनकी भुजाओं को काट दो।
जिस जिसने भी शील भंग किया,
उनको जीवित आग जला दो।।
अब भारत तभी जी सकेगा,
जब वह बज्र प्रतिकार करेगा।।

जिस जिसने भी घर को लूटा,
उनके पैरों को विखंड करो।
जिस जिसने भी घर श्मसान किये,
उनको फांसी पर लटका दो।।
अब भारत तभी जी सकेगा,
जब वह बज्र प्रतिकार करेगा।।

जिस जिसने विश्वास घात किये,
उनका जीना दूभर कर दो।
जिसने मन से भी पाप किये,
छठी का दूध स्मरण करा दो।।
अब भारत तभी जी सकेगा,
जब वह बज्र प्रतिकार करेगा।।

यह अभिमान तभी सिद्ध होगा,
जब भारत 'कर' होगा सायक।
इस धर्मसमर में विजय सुनिश्चित,
हे भारत के आर्य उन्नायक।।
आज समष्टि की लाज तुम्हारे,
बज्र हाथों में है आर्य प्रवण।।

आर्य! तुम्ही हो अटल सहारा,
सनातन धर्म और संस्कृति के
आर्य! तुम्ही हो नयन सितारा,
मातृभूमि और चराचर के।।
स्वर्ण सपना तभी साकार होगा,
स्वर्णिम अतीत के गौरव का।।

आर्य! तुम्ही वैशाखी पंगु की,
और नाविक की पतवार हो।
आर्य! तुम्ही 'प्रतिकार' दीप हो,
और दिग्विजय की जयकार हो।।
समष्टि सदा चिर-कृतज्ञ रहेगी,
"जगराम" पावन बलिदान की।।

◆◆◆

जयभारत

जय वसुधा के भोर लाल,
चैतन्यमयी प्राण वल्लभा।
अम्बर तल के उन्नत भाल,
अनंत चिर देदीप्य प्रभा।।

यशोदुंदुभि गुंजित मोद वन,
दिग्दिगन्त सर्वस्व आह्लादित।
चेतना का प्रफुल्लित गात,
मलय युक्त नव स्पर्श सुगंधित।।

भोर की मधु किलकारियाँ,
तमिस्र आनन चीर तृण तृण।
चेतना स्वर मृदंग प्रमुदित,
निगम-आगम विस्मित क्षण-क्षण।।

संकलित संघर्ष का प्रतिफल,
फल की आश नव कलि अडिग।
मोद की मधु कोर संचय,
जयनाद जनु अरिघन तड़ित।।

अनथक तप की उत्कट चाह,
रुधिर बिन्दु अंतर उछाह।
सुप्रयासों का पथ प्रवाह,
नव रत्न सुफल मंथन अथाह।।

महोदधि के अगम्यपथ पर,
तरनी सुहागिनि साधना।
कल्पना की सोम अवनि पर,
बस कल्याण अंतर भावना।

बहुजन हिताय हेतु प्रवल,
सर्वज्ञ, गुणी, दीक्षित तप व्रत।
प्रतीक्षित राष्ट्र भाव सुफल,
तेजस्वी राष्ट्र पग जग नत।।

राष्ट्र निर्मिति का अखण्ड मंत्र,
सर्वत्र वसुन्धरा पर गूंजा।
दीर्घ के जन संस्कार स्वयं,
संचित फल राष्ट्र जय-गूंजा।।

देश राज्य संगठनात्मक,
ऐक्य का ही प्रतिफल राष्ट्र।
समग्रता, भावात्मक ऐक्य,
संगठन का द्योतक राष्ट्र।।

भौगोलिक, संगठनात्मक,
एकता की उर प्रचण्ड आग।
भावनात्मक, ऐतिहासिक,
अभिव्यक्ति एकता की सुफाग।।

प्रजा ही राष्ट्र का प्रतिबिंब,
प्रजा ही राष्ट्र का विचार।
प्रजा का हित राष्ट्र का हित,
प्रजा समृद्धि राष्ट्र आधार।।

प्रजाजन के भरण पोषण,
से सुफल भरत का भारत।
कोटिक तप के प्रतिफल से,
प्रकट अवनि पर स्वर्ग भारत।।

भा प्रकाश रत लिप्त शाश्वत,
भारत सार्थक जगत नाम।
परिपूर्ण ज्ञान विज्ञान को,
विकिरण का सनातन काम।।

जब भुवनों की सुप्तावस्था,
तब अखण्ड सदीप प्रज्ज्वलित।
अज्ञानतम का कर विनास,
पथ प्रशस्त कर गौरवान्वित।।

लक्ष्य, रीते को आपूरण,
सुपर्याय पूर्णता जीवन।
पूर्णता पंथ वस्तुतः जीवन,
संस्कृति फल श्रुति संपादन।।

चरित्र में वैयक्तिक श्रेष्ठता,
महनीयता अन्यत्र अलभ्य।
जीवन पद्धति, भाव, व्यवस्था,
आत्यंतिक संसिद्धि चिति अगम्य।।

उत्तर में गौरवान्वित हिमगिरि,
दक्षिण में महोदधि अथाह।
प्रतिक्षण सुकण्ठ को आतुर,
निरन्तर अंतरतम की चाह।।

सम्पूर्ण दक्षिणापथ प्रमुदित,
उत्तरापथ स्वयं नभ उत्थित।
पूर्वापथ सजल प्रवाहित,
पश्चिम अमोघ आह्लादित।।

मलयागिरि की सुरभित गंध,
कश्मीर की मधु अपलक छवि।
गिरिघाटी स्नेहालिंगन।
अप्रत्याशित वसंतमति गति।।

प्रकृति जीवन्त इकाई बन,
व्याप्त चेतना हो मंडित।
निर्मल नीर गंगा का वन,
स्वर्ग के सुभाल हो अभिषिक्त।।

अक्षय संचार चेतना का,
जय कण-कण में, क्षण-क्षण में।
चिंतन, संबंध, संबोधन,
कृति, कर्म और आचरण में।।

भूमि का बस टुकड़ा नहीं,
न वाणी का अलंकार।
कल्पना की न मात्र उड़ान,
स्वप्नों का न कोई संसार।।

एक प्रचण्ड शक्ति पुंज अक्षय,
कोटि हृदयों का अभिधान।
कोटिक सुरों की संचित शक्ति,
परस्पर महिषमर्दिनि निर्माण।।

भवानी, भारती, भारत,
संबोधन अमिट पहिचान।
हृदयों की जागृत एकता,
अभिनंदन का प्रबल संधान।।

साक्षात राष्ट्र पुरुष मूर्त,
हृदय का अविश्रान्त स्पंदन।
शिखा गौरीशंकर सर्वोच्च,
हिम गिरि भाल जय अभिनंदन।।

पूर्व-पश्चिम स्वयं सुभग स्कंध,
विंध्य कटि मेखला नर्मदा।
पूर्व पश्चिम घाट जंघा में,
प्रक्षालित पग उदधि सर्वदा।।

मलयागिरि बयार शीतल,
पावस घन से कुंतल केश।
अर्ध्य हित शशि रवि पग नतमथ,
जोरि कर, बंदि पग, सुर शेष।।

अलख देवभूमि, पुण्यभूमि,
वंदन भूमि, अभिनंदन भूमि।
कंकर-कंकर-शंकर प्रतिमान।
तर्पणभूमि, अर्पणकी भूमि।।

सबनद-नालों के जल बिन्दु,
गंगा जल सा जग पावन।
कण-कण प्राणों से प्यारा,
जन-जन विराट मन भावन।।

सभ्यता-संस्कार के वर दे,
धर्म-संस्कृति-संस्कृति का उद्‌भव।
दिव्य मानवीय सद्‌गुणों का,
स्वाभाविक उत्थान संभव।।

सम्मान माता की ममता-
की निरत नेह की झरनी।
निर्माण की अविरत उत्कंठा,
जीवन हित गतिमय तरनी।।

कण-कण में अपनत्व सुबोध,
सुख-दुख में निकट प्रतिबिंब।
समरस भावना से प्रेय,
अंतर-बाह्‌य क्रांति अविलंब।।

सुरक्षा में जागृत सानिध्य,
अंतर स्वावलंबी दायित्व।
एकात्म मंत्र का प्रादुर्भाव,
सृष्टि एकमेव अनिवार्य तत्व।।

उदात्त-उदार आमंत्रण,
गुरुत्व प्रभाव अस्तित्व समूल।
गौरव का स्वभाव बड़प्पन,
सुमन प्रिय सेज प्रखर शूल।।

प्रकृति ने रतन संपूरित,
अतुल भंण्डार उदर संचित।
शौर्य संबल का अजस्र स्रोत,
वीर–अथाह सामर्थ्य रक्षित।।

पवन अक्षय प्रचण्ड क्षमता,
अणु शक्ति सबल संभावना।
जनशक्ति में सर्वाधिक सम्पन्न,
शक्ति साधन की उद्घोषणा।।

सृष्टि का सामर्थ्यशाली गुरु,
कनक सिंहासन पद प्रतिष्ठित।
बीज का प्रथम छोर सुस्पष्ट,
चिंतन–आचरण धर्माधिष्ठित।।

कर्म का हरपग धर्म धुरीन,
अर्थ का हरपग धर्माधारि।
ब्यय का हरपग धर्मप्रतिष्ठित,
कल्पना पारदर्शि जनु वारि।।

धर्म की डगर सबल प्रभाव,
निर्माण की दृष्टि अविरत पथ।
रामादर्श अर्घ्य–शक्ति केन्द्र,
कोटि अंतर शोभित उर रथ।।

सम्पन्नता भी नहीं परित्यक्त,
बाहन रमा का अति बुरा।
स्वामी शोभे पद सुस्मित,
अर्जन धर्म श्रम शाश्वत निरा।।

जब जगत ने नयन खोले,
मिला अग्रसर खड़ा भारत।
कोटिक जग सभ्यताओं के,
उदय–अस्त का साक्ष्य भारत।।

वीर प्रसूता भारति स्वयं,
हर नर नारी का गौरव।
सांघिक गोवर्धन धारण,
ईश्वरीय विधान वैभव।।

अंक में जो पली संस्कृति,
हिंसा अन्याय अधर्म अलिप्त।
रत्न धनधान्य के भण्डार,
उदार आत्मीय भाव तृप्त।।

देवों के प्रति पूज्य सदबुद्धि,
स्वधर्म के प्रति अडिग आस्था।
समर्पण से भरी यज्ञ संस्कृति,
श्रुति-विज्ञान के प्रति आस्था।।

जीवन रहस्यों का अन्वेष,
संस्कृति दिशा जाह्नवी धार।
त्यागी तपस्वी परमार्थी,
त्रिवेणि उद्भावुक व्यवहार।।

विशिष्ट परिस्थिति पर्यावरण,
भवि सौभाग्य नव वरदान।
समस्त भूगोल का गौरव,
परमात्य अंतरंग आह्वान।।

जीवन हित वन-वनस्पतियाँ,
हिम मंडित कैलाश शिखर।
लोक माताओं का क्षीर,
नव जीवन दायिनी सिहर।।

शस्य श्यामला भूमि सुहावन,
विश्व भरण पोषण सामर्थ्य।
धन को छत्र महोदधि संबल,
षट ऋतु विविध अमिय आश्चर्य।।

सहज सुखद चैतन्य वैभव,
चिर जीवन्त भातृ स्वरूपा।
भाल नग-सरि-वक्ष उर हार,
स्वयं मातृदेवी अनूपा।।

सदा नूतन चिर पुरातन,
संस्कृति का आलोक अक्षय।
सहिष्णु वृत्ति अनूठ विशिष्टता,
निरन्तर जीवन्तता विस्मय।।

अगाध ज्ञान दूर दर्शिता,
शाश्वत धर्म जय अविर्भाव।
विशेषता सत्य में सन्निहित,
गुह्य विराट व्यापक स्वभाव।।

सत्यादर्शों के प्रति समर्पण,
विमूक आचरण अनुगमन।
भक्तिभाव रस हृदया चार,
प्रतिष्ठा प्रेम तत्व आचमन।।

चराचर ब्रह्माण्ड जो श्रेष्ठ,
सर्वोत्कृष्ट परमात्म विभूति।
ईश निज हेतु पूर्ति चयन,
सकल सद्‌गुणो से विभूषि।।

योजना पूर्ति का माध्यम,
समर निर्णायक परिणिति लक्ष्य।
निमित्त मात्र भव सव्यसांची,
चेतना प्रेरणा गुरु लक्ष्य।।

संस्कृति परम्परायें अतीत,
आत्म स्मिता का अक्षय स्वरूप।
स्मृति समाज संस्कृति परम्परा,
अनुभव संस्कार उर अनूप।।

एकता सम्पूर्णता प्रतिष्ठा,
भाग्य का सौभाग्य सोज्ज्वल।
गौरवशील मन मंदिर,
शक्ति तन जीर्ण शीर्ण आंचल।।

विशेष मौलिक पद्धति सद्गुण,
कुसुमित वसंत पतझड़ पर।
शिष्ट अवधारणा निर्मित पथ,
स्वच्छन्द विहग ब्योम पथ प्रवर।।

सभी कृत समत्व मूल मंत्र,
निर्गुण–सगुण हृदय आलिंगन।
मूल योग निर्मिति नर पुंगव,
हृदयंगम समरस अभिनंदन।।

निवृत्ति प्रकृति तंत्र परिवर्तन,
सृष्टि समष्टि नवरस विस्तारण।
समष्टि–व्यष्टि हृदय तार तार,
व्यष्टि–परमेष्ठि उदात्त चरण।।

बाह्य वेश विपरीत प्रचण्ड,
अंतर एकाकार गहनतम।
वैश्विकता संपूरकता,
समग्रता परिधान अनुपम।।

धारणाओं–मान्यताओं,
उच्च आकांक्षायें आदर्श।
दैनंदिन जीवन स्वस्थ दिशा,
जीवन मूल्य सृजन आकर्ष।।

चैतन्य सांचे में सुघड़,
महामानवों की श्रृंखला।
एक, साध, जीवन्त का श्रेय,
अविचल प्रवाह पुण्य सलिला।।

सर्वत्र ब्रह्म की व्यापकता,
प्राणि देवत्व अंश विद्यमान।
नारायणत्व का सुगमपथ,
कल्याण मंत्र का आह्वान।।

दुर्जय शक्ति सम्पन्न आकांक्षा,
ब्राह्मण वृत्ति का हृदय भाव।
स्व का समष्टि में पूर्ण विलय,
तदपि जग कल्याण शुभ छांव।।

कृण्वन्तो विश्वमार्यम उदघोष,
ध्वंस से विलग निर्माण संदेश।
शिक्षा संस्कार जागतिक लक्ष्य,
दिशा–दृष्टि–कल्याण सोद्देश्य।।

शिव शक्ति उद्भव जग शुभाशुभ,
उत्थान में ही उत्थान नव।
तरनि भ्रमि उदधि, पतन निश्चय,
अग्रसर पथ गम्य लक्ष्य संभव।।

दृष्टि पंथ पर अडिग जीवन,
साधकों का पूर्ण समर्पण।
आकर्मण्यता आलस्य पशुता,
व्यक्त कर्म साधना आचरण।।

कर्म ही सामर्थ्य का साधन,
प्रभुको भेंट हृदय उछाह।
प्रकृति का अक्षय वर–प्रतिबिंब,
शांति हित नेतृत्व, जय चाह।।

यथा संभव आबद्ध भूखण्ड,
बुद्धि, समृद्धि का स्वस्थ आधार।
संगठित संस्कारित समुदाय,
प्रेम–सत्कार हृदय अपार।।

सुघड़ भौगोलिक संरचना,
उदर संस्कृति पावन धारा।
ऐक्य-एकात्मता के सूत्र,
'राष्ट्र जय' मेघ जयकारा।।

कर्म का उपास्य क्षेत्र पवित्र,
निर्माण की अभिव्यक्ति, संयोग।
मनुज समुदाय का उत्थान,
साध, सिद्ध, साकल्य, यज्ञ योग।।

व्यष्टि को कुल, कुल को समाज,
अनूठी आहुति परम्परा।
समाज-राष्ट्र, राष्ट्र विराट,
समर्पण, प्रेरणा अंतः त्वरा।।

प्रतिभा, प्रगति, अप्रतिम सुफल,
प्रयासों का अनूठा साफल्य।
त्याग, समर्पण, पौरुष शौर्य,
परिस्थिति परिवर्तन संभाव्य।।

निर्देश अपेक्षा के संकल्प,
दिव्य साधना पूर्ण महत्ता।
समाज सामंजस्य सुरसरि,
कर्त्तव्य, अधिष्ठान, गुरु सत्ता।।

शौर्य, श्रुति, प्रतिभा की धाक,
जगत ने सहर्ष स्वीकारी।
श्रेष्ठता अग्र जन्मा चारित्र्य,
शेष सिरमौर अधिकारी।।

मनुज धरा का सुत महान,
मनुज ईश्वर का अंश समर्थ।
जनक प्रभु!, तो मां वसुधा,
निश्चित कर्त्तव्य निर्मित प्रभु! प्रदत्त।।

धर्म के पंथ का अवलंब,
लोक साधना पद प्रतिष्ठा।
श्रेष्ठत्व परम वैभव योग,
लोक आनंद पूर्ण प्रतिक्षा।।

श्रम होम की पराकाष्ठा,
दायित्व निर्वाह की स्थिरमति।
परम के चरणों में अर्पित,
देदीप्यमान भोर संप्रति।।

पूर्णता की स्थिर डगर में,
जीवन दर्शन का आलोक।
पुरुषार्थ-वर्णाश्रम-यज्ञकर्म,
पड़ाव के आश्रम अशोक।।

अनवरत पंथ, पग अग्रसर,
'एकात्म विश्व दर्शन' महामंत्र।
परम तत्व संकल्पना व्यापक,
ब्रह्माण्ड से पिण्ड संयोग तंत्र।।

लोक मंगल प्राथमिकता,
प्राणिमात्र हित प्रोत्साहन।
नैतिक मूल्यों, सद्आदर्शों,
मान्यताओं का उर स्पंदन।।

परमार्थ हित व्यष्टि-स्तर अर्पण,
विद्यमान शाश्वत परम्परा।
शुद्धि माध्यम यज्ञ संपादन,
पूरित अपेक्षा वसुन्धरा।।

पावन जीवन एवं कर्त्तव्य,
सुगंध की सौगन्ध सुस्पष्ट।
प्राणार्पण परहित संबर्धन,
सार्थक, कोटिक जन्म, संतुष्ट।।

यज्ञ संदर्भ मूल–भावना,
वैभव युक्त संयोग स्वर्णिम।
भेदभाव रहित अनुभूति,
साक्षात दर्शन, निवृत्ति दुर्दिन।।

संचालन, संरक्षण, संबर्धन,
दृष्टि, धर्म की मर्यादा रूढ़।
जीवन पद्धति धर्माधारित,
धवल वैशिष्ट्य जमद्वंद्व गूढ़।।

सुप्त अंधकार महागर्त में,
जनमानस अंतर झकझोर।
सांस्कृतिक तत्वों का प्रभाव,
सौभाग्य नव शक्ति पुर जोर।।

शिक्षा के कर डोर प्रगति,
नैतिक संस्कारों का संबल।
पतवार चहुंमुखी विकास,
शक्ति समुन्नत सहयोग सबल।।

परहित देवत्व, स्वहित पशुत्व,
जीवन, साधक, का जीवन।
स्वयं श्रेष्ठ जग, श्रेष्ठ प्रतिज्ञा,
स्व से सृष्टि कल्याण आचरण।।

अपनत्व दृष्टि, सोच आचरण,
'शाश्वत धर्म', शांति आधार।
न्योछावर शेष अकिंचन,
समाधान दायित्व विचार।।

निर्माण यज्ञ सत्ता से दूर,
साधन भोग ऊँची उड़ान।
विस्मयी दृष्टि पथ जीवन स्तर,
आश आध्यात्मिक अधिष्ठान।।

सशक्त, सुव्यवस्थित सुदृढ़ संपन्न,
गुरुपद हित आत्यावश्यक गुण।
भक्ति से पूर्ण संस्कारों का,
साधना पूर्ण आश्वस्त गुण।।

भक्त पुंज का शंखनाद,
व्यवस्था में पूर्ण परिवर्तन।
अक्षय समृद्धि शक्तिशाली व्रत,
प्रतिज्ञा बद्ध पुनः नव जीवन।।

लज्जा, भय, दण्ड, संस्कार शिक्षा,
जागृति शक्ति के बल नियंत्रित।
शिक्षा साधन आदर्श मूल्य,
महायज्ञ निर्माण अखण्डित।।

राष्ट्रीयत्व शाश्वत प्रवाह,
साधन त्याग लक्ष्य अनुराग।
भूत वर्तमान भविष्य चिंतन,
चैतन्य संस्कृति निस्वार्थ राग।।

शक्ति सृजन व्रत अभावों में,
परिवर्तन स्वयं स्वभावों में।
नव हृदयों के सृजन विकल्प,
बीज ज्योति अंतर्भावों में।।

वैभव ऐश्वर्य तुलना में,
अभावग्रस्त ही अत्यधिक प्रिय।
धर्म की जय हेतु बलिहार,
सज्जनों के विजयार्थ अमिय।।

उज्ज्वल सांस्कृतिक विशेषता,
सनातन लोक मंगल स्वर।
उपकार, सहिष्णुत्व, मानवत्व,
कल्याण प्राणिमात्र अंतर।।

अनादि अनंत गौरव गान,
संस्कृति कोख प्रारम्भ रत्न।
अविरल धार सुरसरि सरिस,
क्रमिक उत्थान सनातन यत्न।।

अविरत प्रगति मूलाधार,
सबल वैशिष्ट्य का प्राण तत्व।
व्यक्ति-कुल-समाज, एकात्मता,
विधिक व्यवस्था चैतन्य अस्तित्व।।

धर्म मानवीय व्यवस्था तंत्र,
कर्म व्यष्टि नीति बचन बद्धता।
सामाजिक स्तरी सोपान,
संतुलन स्थायित्व तत्परता।।

भाव भूमि स्वयं शब्द अन्तर्निहित,
सुदीर्घ परम्परा विद्यमान।
गौरवास्पद समष्टि प्रवर्तन,
मानवेत्तर संबंध प्रमाण।।

प्रयासों की पराकाष्ठा,
प्रवाहित गंगा की धारा।
अद्भुत सत्कर्मों की साक्षी,
सुधा से अमर जग सारा।।

आध्यात्मिक वसुधा पावन,
ऐक्य का वैशिष्ट्य सनातन।
क्षीर अनुभूति, पथिक आश,
श्रुति, स्मृति, वास्तु, चिरपुरातन।।

आविष्कारों का अक्षय वर,
आदि मंत्रों की यज्ञ शाला।
सृष्टि व्यवस्था के उपकारक,
सिद्ध दर्शन की पाठशाला।।

दिव्य ज्ञान का अक्षय भण्डार,
शाश्वत धर्मपथ समाधान।
जिज्ञासाओं का निवारण,
व्यवहारिक नीति आह्वान।।

संचालन में संयोजक पद,
संयोजन प्रगति की क्षमता।
स्थिति-परिस्थिति अक्षय वरदान,
दृष्टि पथ, सुख शांति प्रदाता।।

प्रकृति प्रदत्त न अपहृत ज्योति,
साम्राज्यवादी कुविचार।
स्वमेव निर्मित पवित्र सर्जना,
समन्वित मंत्र सुकंठ अनुहार।।

एकात्मता, ममता, समता,
आत्मिक संबंधों का चिंतन।
श्रेष्ठतर, संस्कारित प्रतिकृति,
कंधों पर नवभार अकिंचन।।

मानसिक क्रांति शंखनाद,
अहिंसक पथ पर आधारित।
बुद्धि बल से संचालित पंथ,
यथोचित स्थान संभावित।।

सुदीर्घ से जीने का मंत्र,
धर्म का मर्म, कर्म का सुपंथ।
मानवता पग वैशाखी,
प्रदत्त कार्य जीवन व्रत अंत।।

संबंधों का स्नेहालिंगन,
मन-वचन-कर्म-हृदय पालन।
महानता में दृढ़विश्वास,
मूल्यों से प्रतिबद्ध जीवन।।

हृद तंत्री की विशालता,
सर्व समादर की भावना।
वृहत्तर हितों के हवन में,
लघुत्तर आश अवहेलना।।

वैमनस्य की रागिनी में,
समरसता का सावन स्वर।
विद्वेष की घोर निशा में,
सर्व समभाव का सुधाकर।।

ऊँचे-नीचे कुमार्ग में,
ईशावास्यमिंद सर्व भाव।
असमानता के तिमिर में,
वसुधैव कुटुंबकम विभाव।।

सेवाधर्म महाव्रत अटल,
सच्चा गौरव अंतः अनुभूति।
सुजला सुफला मलय सुगंध,
अनुसंधान आलोक नीति।।

सिंधु के ज्वार का अनुराग,
शिखर के नेह की बदली।
परिवेष्टित सुखद पुण्य प्रवाह,
विजय विश्वास निश्चयी फली।।

ज्ञान के उद्गाता तपस्वी,
अनासक्ति की मलय सुगंध।
मर्यादा भोली पहिचान,
करुणा के सजीले बंध।।

नीर-क्षीर का हंस विवेक,
खंडन-मंडन वेदान्ती दृष्टि।
रक्षा, समृद्धता दृढ़ विश्वास,
स्रोतों की अविश्रान्त सृष्टि।।

मूल्यों का पुनर्प्रतिष्ठापन,
परम्पराओं का संरक्षण।
सांस्कृतिक स्तर को स्वर्गासन,
समस्त समष्टि को पुनर्जीवन।।

नारीत्व का आदर्श धवल,
उपास्य सर्वस्व समर्पण शंकर।
जीवन भेंट चरणों में,
अनंत का छत्र मात्र अंतर।।

अपनत्व का करुणिम बंध,
वीर निर्भीक साहस पुंज।
गर्व पूर्वक उच्च स्वर उद्घोष,
चैतन्य रससे सिंचित कुंज।।

प्रत्येक कण में ईश्वर तत्व,
बचपन पालना आभास।
मलयी मिट्टी कल्याणी स्वर्ग,
वसंती कुंज जरा उपहास।।

परहित ही बस साधनहित,
मनुष्यत्व भंवर की तरनी।
करुण संचार नव जीवन,
शील की सीख अनुकरणी।।

स्वावलंबन समर्थ पाथेय,
अवलंबन सनातन प्रवाह।
महानता शिखर अनुष्ठान,
अधिकारी मात्र सोत्साह।।

कल्याण हित योग्य उपकरण,
प्रत्युत्तर हेतु सशस्त्र संधान।
विस्मित मानवता की सुपंथ,
दायित्व जनु भोर विवस्वान।।

उत्कृष्ट निर्माण के महायज्ञ,
में मन-बच-कर्म-न्योछावर।
भोर की नियति सुखकारी,
अक्षुण्य आशीषों का चंवर।।

चतुर्दिक व्याप्त मोहक सुगंध,
दिशायें स्वयं आलोकित।
शांति छाया, जीवन लक्ष्य,
सुरक्षा कवच यज्ञ संचालित।।

हर देन की गगन उडान,
अद्भुत साश्चर्य विधिक प्रमाण।
आध्यात्मिक कोष गंगोत्री,
उर स्पंदन जागतिक कल्याण।।

नव युवानी का पुनर्अस्तित्व,
ऊर्जा का अथाह भण्डार।
चिर अतीत की पुनर्प्रतिष्ठा,
इच्छा प्रचण्ड महोदधिज्वार।।

रक्षा गांडीव के हाथों,
पेट की भूख हल धर हल।
सुरक्षा भार बजरंग स्कंध,
शांति की यज्ञ स्वमेव संबल।।

जागरण की सुवेला में,
उद्यम का प्रवाह अविचल।
निष्कंटक पंथ सुगम दर्शन,
चेतना संजीवनी सुफल।।

चेतना की वेगवान धार,
महोदधि ज्वार सा प्रमाण।
त्याग मूर्ति परहित संकल्प,
अग्र बलिदान को संधान।।

श्रेष्ठ आदर्शों का गौरव,
उर की धड़कन का मर्मस्वर।
चेतना का सर्वहित भाव,
गहरे-मन निश्चय मानसर।।

उत्ताल तरंगों की मधुतान,
वेग का प्रलयी शंखनाद।
प्रवाह गंतव्य सुदृढ़ संकल्प,
चैतन्य दिग्विजयी आह्लाद।।

पुनर्नव जन्म का पुनर्प्रयास,
उर वेदना, दृगअश्रु-आश।
सशक्त बाहों का आलिंगन,
अजस्र ऊर्जा समंत्र प्रयास।।

कोटि हृदयों का नवसंकल्प,
पुनर्यज्ञ, सबल सामर्थ्य, शांति।
वैभव के स्वप्न को आतुर,
सशक्त पतवार अखण्ड क्रांति।।

गुण निधान आलोक पुंज,
पथिक को छांव पंथ ग्रीष्म।
पटु नाविक भंवर मंझधार,
कर पतवार जनु कुरु भीष्म।।

ग्रीष्म में छांव का संबल,
भोग के संयोग से मुक्ति।
पावस की ममता के अश्रु,
व्यथा के कंठ सुधा सी युक्ति।।

शरद चन्द्रिका मधुअट्टहास,
पुष्पों का आत्मीयालिंगन।
अनुरोध विस्मित चकाचौंध,
उत्साह उत्सवी अभिनंदन।।

हेमन्त विपदाओं की सुधि,
अतीत का सुखद पुनर्स्मरण।
शिशिर पश्चात बस शेष,
जीवन विवस प्रतिक्षण मरण।।

गोमुख गंगोत्री प्रयाण,
दधीचियों का आत्महवन।
चैरवेति संस्कार प्रवाह,
यशोगर्जन परिव्याप्त भुवन।।

जननि के भाल की सौगन्ध,
जननि के चीर की सौगन्ध।
जननि के रुधिर की सौगन्ध,
जननि के क्षीर की सौगन्ध।।

सिंधु के ज्वार सा उत्साह,
हिमगिरि के गर्व साभियान।
विविधता भरा ऋतु सान्निध्य,
प्रकृति सा अक्षय स्वाभिमान।।

मन-वच-कर्म से नव संकल्प,
शोणित की बिन्दु तक भेंट।
श्वासों के चक्रों का उत्सर्ग,
प्रतिज्ञा निर्णय तक कटि फेंट।।

कल्पनाओं के अंबर को,
वसुधा के कंठ का हार।
स्वप्नों की प्राण प्रतिमा को,
आशा के गोद उपहार।।

निशा के प्रहर का अब अंत,
दुर्दिन बदली अब बिना पंख।
विजय का गान पूरब में,
समर-आरम्भ उद्घोष शंख।।

सत्य युग का पुनर्आह्वान,
राम राज्य पुनर्तैयारी।
धर्म संस्थापन शुभ यज्ञ पूर्ण,
स्वधर्म पालन स्वयं वारी।।

विजयी नाद चतुर्दिक व्याप्त,
कर्त्तव्यों की सिद्ध पूर्णाहुति।
अवशेषों की पुनर्प्रतिष्ठा,
अतीत गौरव की नव द्युति।।

वसंत की सी हृदय उछाह,
परिहास का पुनर्संदेश।
ज्वार की सी उत्ताल उमंग,
नव स्वत्नों का सृजन विशेष।।

कंटकों के शिखों के मुकुट,
प्रसूनों के विविध आनन्द।
संभ्रम सृजना का उपहास,
कौतुक कुमुद भोर रवि–चंद।।

भारत!! सशक्त कर "पतवार",
वसुधैव कुटुंब आचरण।
अखण्ड वितान, निश्चय विहान,
परम वैभव "जगराम" प्रण।।

◆◆◆

जय संस्कृति

मानव धर्म के अपौरुषेय शास्त्र,
वेद स्मरणातीत काल से भाष्य।
समस्त चराचर मानव समाज एक,
अखण्ड सत्ता से सत्तावान प्रयास्य।।

संजीवित अनंत प्राण शक्ति सुधा से,
विराट देह सुभग परम पुरुष की।
जगत विराट देह अवयव प्रसून,
असंभव कल्याण साधना, असंभव रूप की।।

अंग-प्रत्यंग में विभिन्नता स्वाभाविक,
विश्व लीला में भी विभिन्नता अवश्य।
विभिन्नता में जीवित एकत्व यथार्थ,
स्वधर्म निष्ठा, अखण्ड हित, सार्थक अवश्य।।

सौंदर्य, माधुर्य, वैभव, आनन्द का,
आलोक एक प्राणबतः अवश्यंभावी।
मानव समाज का विश्वमय शरीर,
स्वातंत्र्य वैशिष्टय कर, अवलंब-भावी।।

कर्माधिकार और शक्ति सामर्थ्य व्रत,
सर्व विजयी एकत्व समन्वय उपासक।
स्वशक्ति परिपालन, लोक सेवा पथ,
कर्त्तव्य अंतर्निहित नवादर्श साधक।।

संस्कार यज्ञ की सुरभित बयार के,
चतुर्दिक उन्मत्त झकोरों का प्रभाव।
वंचित सिंचित शेष न किंचित सर्व-व्याप्त,
स्वभाव आलोक सुधा अक्षुण्ण छांव।।

मधुकरी सरिस उन्मादिनि, ध्येय पथ,
आंचल मधुपय, पान क्षितिज वितान।
ममता आह्लादित बिहग नीड़ फल,
अंबर श्रृंगारित सजल स्वप्न विहान।।

वसुधा के अजिर बिरवा नंदन का,
अमिय स्वयं आतुर स्वधर्म पालन हित।
'मरू-उर' झलक, वसंत के आनन्द की,
अवनि और अंबर व्यग्र आलिंगन हित।।

शुभारंभ सृजन यज्ञ का भूतल पर,
पशुत्व से देवत्व सुरसरि अभियान।
क्षुद्र स्वार्थों की आहुति, तम मलीन,
तम-अंतर-आलोक नव परिधान।।

अंतस के गहनतम में आलोक,
नेह बदली की सुधामय फुहार।
लक्ष्य स्मरण, चका चौंध विस्मरण, निश्चय,
कर्त्तव्य के सानिध्य यज्ञ का नव उपहार।।

संस्कार से उद्‌गम संस्कृति पय-धारा,
जाह्नवी सा सत्य सनातन प्रवाह।
संस्कार का चमत्कार मर्मान्वेषित,
तिमिर नाश, भोर आश, दीप चाह।।

प्राणि के प्रति हृदय में समत्वभाव,
स्नेह सद्‌भाव तदनुसार आचरण।
इतने पूर्ण-सच्चे रूप में गर्भित,
बोध विशेषताओं का आवरण।।

विषमता, प्रतिस्पर्धा, अशांति का क्षय,
समता, समानता, शांति, संस्थापन।
बस एकमेव गौरव, उपयोगिता,
एक मात्र महिमामण्डन का साधन।।

सर्वत्र दुख, अशांति, भय, मेघ छत्र के,
तिमिरमय जगत में त्राता समान।
एकटक, निहार आंचल पय अपार,
गौरव, संरक्षण, सुमन आश विहान।।

अंतः के आंतरिक गुणों का समूह,
प्रेरणात्मक नवस्फूर्ति प्रेरक शक्ति।
सामाजिक व्यवहार का अद्‌भुत व्रत,
साहित्य बोध की सुगम श्रृंगार युक्ति।।

सूक्ष्म चित्तवृत्तियों का विकसित पंथ,
पथ में ममता का स्वाभाविक गुण।
स्वहित से परहित सुफल सद्‌व्यवहार,
लोकहित साधना अविराम सद्‌गुण।।

सिंधु तीर भोर सभ्यता की धारा,
का विशिष्ट आलोक प्रवाह अविचल।
सन्निहित पय धाराओं से प्लावित,
आदि जन्म भूमि बोध स्मरण पल-पल।।

पूर्ण स्वभाव, स्वावलंबी साधना,
स्तंभित, सर्वापेक्षा स्वाधीनता।
हिम प्राचीर सिंधु चीर से वेष्टित,
वैशिष्ट्य स्मृति आवरण सभ्य तत्परता।।

लक्ष्यार्थ, धर्म, विद्या आदि की उन्नति,
स्थूल तत्व से सूक्ष्म तत्व का अन्वेष।
शुद्ध मानसिक, सामाजिक गुणोद्‌भव,
की प्राकृत क्रिया आधार विशेष।।

सम उपसर्ग पूर्वक कृ धातु भूषण,
सुट का आगम क्तिन प्रत्यय सृजन संस्कृति।
भाव हृदय शुभ भूषण भूत सम्यक कृति,
विशिष्ट गुणों से युक्त शब्द सृजन प्रकृति।।

रक्षक, धारक, पोषक, संवर्धक यह,
सनातन वैदिक धर्म का अमृत तत्व।
प्रादुर्भाव प्रत्यक्ष एवं जगदीश्वर,
सानुभूति निर्विवाद सिद्धांत सत्व।।

आदर्श रूप प्रत्यक्ष स्वयं रामायण,
हिम का "हि" सिन्धु का इन्दु आभूषण।
श्रुति, स्मृति, लोक, परलोक हित चिंतन,
आर्य स्वाभाविक हितमय आचरण।।

व्यष्टि से परमेष्ठि तक अमिट बंधन,
विचार-वाणी, शिक्षा संव्याप्त छांव।
तदनुरूप जीवन रचना आदर्श,
ज्ञान-भक्ति-कर्म-भगच्छरणागति भाव।।

अनुभव, आचरण, फल श्रुति, सम्यक् दृष्टि,
मर्म हित अनहित, ज्ञानोदधि अगाध।
कर्त्तव्य निष्ठा, अनासक्ति भावना दृढ़,
परहित अर्पित क्रिया, प्रवाह अबाध।।

समन्वय प्रधान दृष्टिकोण अवरोध,
उदार, सहिष्णु भावों की सजगता।
उच्चादर्श, व्यागभाव, कर्म प्रेरणा,
दृढ़ता से लोकहित स्वयं तत्परता।।

उदात्त भावों का पुलकि आलिंगन,
त्याग-ताप-यज्ञ, ही एक मात्र उपाय।
त्याग वृत्ति, सामाजिक स्तर, आचरण,
मानस निधि पूर्ण यथेष्ट अभिप्राय।।

शास्त्र सम्मत आचार, विचार रूप,
सम्पूर्ण मनुज जीवन का आधार।
जीवन का समस्त क्षेत्र समावेश,
व्यवस्था सक्रिय स्वरूप धर्मसार।।

वैयक्तिक, सामाजिक कला-कौशल,
धार्मिक, आर्थिक, भाषा, उपासना।
रहन-सहन, भेषभूषा आचरण,
गति धर्मानुकूल आदर्श साधना।।

जीवन रचना का साध्य त्यागमय,
स्वाभाविक त्यागी का उच्च आसन।
ब्रह्म तेज-क्षात्र तेज-रज, अलंकरण,
सौभाग्य का प्रत्यक्ष ऋद्धि-सिद्धि साधन।।

वसुन्धरा माता की गोदी में,
धर्म रूप तरु निरा-शोभायमान।
सार्वभौम, सार्वजनिक अर्ध्य-धर्म चिर,
संस्कृति युक्त धर्म वास्तविक स्वाभिमान।।

संस्कृति है मानव की जीवन शक्ति,
दिव्य साधनाओं की विमल विभूति।
राष्ट्रीय आदर्श की शुभ मर्यादा,
स्वातंत्र्य प्रतिष्ठा की स्थिर अनुभूति।।

वसुधा में एकत्व की ही पहिचान,
प्रयत्न का भगीरथी अजस्र प्रवाह।
एकत्व-आग्रह, बहुत्व-नाश, इष्ट नहीं,
एकं सद्विप्रा बहुधा वदन्ति मंत्र थाह।।

प्रकृति रहस्यों का आदि अंत अनुभव,
जीवत्व से ब्रह्मत्व का अति गूढ मंत्र।
जीव को परमानंद में लय भास,
चैतन्य का स्थिर आश्रय निर्बन्ध तंत्र।।

लौकिक जय-विजय से अतृप्त मानस,
आध्यात्मिक विजय ही संतृप्ति आकर्षि।
धर्माधारित जय केवल अभिप्रेय,
विमुक्त, सार्वजनिक, मान-गान, उत्कर्षि।।

सनातन श्रेष्ठ अनादि अनंत भी,
सर्वादरणीय का कर्त्तव्य पथ अडिग।
प्रशंसा से रक्षा का गुरुभार प्रबल,
कल्याणार्थ सिद्धांतो का व्रत अधिक।।

समष्टि गत, समान अनुभव से उद्भव,
सामुहिक आश कृत्ति प्रायः समान।
वाङमय उर के उद्वेग का सूचक,
अंतस्तल की स्वर लहरी को अपान।।

विविध-रूपिणी बहुमुखी स्वस्थ स्पंदन,
मानवीय कार्य क्षेत्र में उपस्थिति।
विश्व पोषक मंगलकारी सुप्रभाव,
विश्व कल्याणकारिणी हृदयंगम स्थिति।।

विशेषताओं का आधार वेद,
शास्त्र सम्मत समस्त शुभ सुकर्म विधान।
सर्वविधिक कल्याण प्रद फलोत्पादन,
समस्त ब्रह्माण्ड सृष्टि पोषक विहान।।

अजर-अमर-अक्षय-अमिट जग प्रभाव,
आधार शिला आध्यात्म वादिनी।
जन्म-दीक्षा-शिक्षा-संग-संस्कार-सुगन्ध,
अद्वितीय हार्दिक विश्वास रागिनी।।

गैरिक-ध्वजा सनातन धारा का,
संपूर्ण परिच्छिन्न मूर्तिमान प्रतीक।
ब्रह्मतेज-क्षात्रतेज, सुपरिचायक,
विशिष्ट आधार, अडिग, अमिट, निर्भीक।।

नींव अचल स्वरूप से स्थिर स्वमेव,
पुण्य पुरातन स्वर्ण-युग का आभास।
द्विचक्र रहित यान असंभव गति पथ,
स्वयं राष्ट्र अवलंब ब्रह्म-क्षात्र, प्रयास।।

सचमुच ही मृत्युंजयी नव वसंती,
अटल, अचल, अमिट सदा भूधर सी।
कर निष्फल आघात, यज्ञ आत्मसात,
संकट निर्मूल अभयता निर्झर सी।।

त्याग तपस्या बल से स्वयं प्रकाशित,
प्राचीनता, सनातनता, सुयोग।
सांस्कृतिक परम्परा अखण्ड प्रवाहित,
मृत्युंजयिता–अमरता, अक्षया रोग।।

ब्रह्म–क्षात्र, बल से यज्ञ गौरवान्वित,
पूरित की गोद क्षणि सुरआशा।
मोक्ष आशा कर्म भू, जन्म प्रतीक्षा,
आध्यात्मिक सुख समृद्धि व्यग्र विपासा।।

श्रद्धा–मान का श्रेष्ठ तत्व आधार,
श्रेष्ठ तत्वों के जागरण की चाह।
आचरण स्वयं प्रत्यक्षतः कार्यान्वित,
एकमेव बोधगम्य उपाय प्रवाह।।

विशेषता मनुज हेतु उपादेय,
अद्वैत भाव, दया, अहिंसा, अद्वेष।
तपस्या, इंद्रिय निग्रह सिद्धांत आस्था,
सृष्टि हित दिग्दिगन्त व्याप्त सार, शेष।।

सचमुच भविष्य–अतीत–वर्तमान से,
संभव अमल–धवल और श्रेयस्कर।
वैदिक दर्शन विशेषता का मूल,
प्रत्यक्ष–अप्रत्यक्ष पूर्ण प्रतिष्ठा निरन्तर।।

श्रेष्ठ सिद्धांत प्रतिष्ठा पूर्ण समन्वय,
पारमार्थिक श्रेष्ठता की प्रतिष्ठा।
व्यवहारिक उत्तमता प्रत्यक्ष–अप्रत्यक्ष,
अद्वैत निष्ठा, जीवन मुक्ति अवस्था।।

सहस्रों वर्षों का जीवन अविच्छिन्न,
युग-युग से स्थापित जय-विजय ध्वजा।
धर्म-दर्शन-वर्ण-इतिहास, रीति-नीति,
समष्टि नव जीवन की अजस्र पूजा।।

परधर्म से सुनिश्चिय स्वधर्म श्रेयस्कर,
वैशिष्ट्य-संस्कार अत्यधिक मान्यता।
संस्कार शब्द, संस्कृति का समानार्थी,
महती विशेषता मे ही धन्यता।।

वर्णाश्रम व्यवस्था की दिव्य उत्कृष्टता,
सर्वांगीण पूर्णता का संयोग।
उपादेयता के प्रतिपादन में,
अनंत रहस्यमय कोटिशः सुभग योग।।

आश्रम क्रमोन्नति, सर्वोत्कृष्ट साधन,
विविध रूपों में उत्कृष्ट समासीन।
सीमित सामर्थ्य से अनंत सामर्थ्य,
की ओर स्वाभाविक अग्र स्वाधीन।।

श्रद्धा-शुद्ध, स्पृश्या स्पृश्य विवेक विशिष्टता,
पंच कोश आवृत्त अभिव्यक्ति पवित्रता।
लक्ष्य गंभीर रहस्यों से परिपूर्ण,
आवागमन चक्र विश्वास विशिष्टता।।

परलोक गामीका सुगम्य सुपंथ,
नित्य नैमित्तिक कर्मकाण्ड सुव्यवस्था।
पवित्र धर्मनिष्ठ संस्कारों का प्रवाह,
उद्देश्य शाश्वत सैद्धान्तिक अवस्था।।

नारी के गौरव की मान्यता,
नारी शक्ति का प्रतीक उद्भाषित।
मान की पूजा विशेष स्वीकार्य,
विशिष्ट चिंतन, पद्धति अथक संपादित।।

वसुधैव कुटुंबकम का दृढ़ सिद्धांत,
सर्वखल्विंद ब्रह्म की चिर-उदात्त-दृष्टि।
समागत प्राणी को ईश समान,
यथा साध्य संतुष्ट भाव की नव सृष्टि।।

मातृवत परदारेषु का आदर्श,
परदृव्येषु लोष्ठवत संवेदना।
सृजन-मूल-सत्य, दिव्य आत्मतत्व निहित,
परा प्रकृति-आत्मा, निश्चय चेतना।।

विचार धारा में अनंत अक्षुण्ण बल,
आध्यात्मिकता की नव सुधा उदधि।
अविच्छिन्न प्रवाह, स्थिर पृष्ठभूमि रूप,
अपूर्ण पूर्ण सत्वर आध्यात्मिक दधि।।

जग बंधन नहीं, विकास पय धारा,
मानववाद का गगन विजय गान।
प्राणि जगत को आत्मवत आलिंगन,
श्रेष्ठ सद्गुणों का शुभ स्वर्णिम विहान।।

प्रेम, करुणा, उपकार, क्षमाभाव,
अहिंसा-सहिष्णुता की अजस्र धारा।
व्यक्ति स्वार्थों का पूर्ण परित्याग,
ध्वंस में निर्माण का नव सवेरा।।

घृणा-द्वेष, असहिष्णुता, मतांधता,
का जीवन से कटु तिरस्कार निश्चय।
इंद्रिय-निग्रह अंतः विशुद्ध प्रमाण अवश्य,
सत्व-शुद्धि हित प्रणाली निर्माण प्रश्रय।।

द्वन्द्व रहित, निष्काम भाव से कर्म व्रत,
मनुज की सम्पूर्ण पशुता मिटा कर।
सद्गुणों से पूर्ण मानव-सृजन नव,
ईश्वरत्व की ओर कदम बढ़ाकर।।

देश या जाति की चैतन्य आत्मा,
संस्कारों की प्रबोधिनी सुरसरि।
जीवन-आदर्शों का सफल निर्माण,
विशिष्ट उदात्त गुणों की, अक्षुण्ण निर्झरि।।

सर्वदेश-सर्वकाल में हितकारी,
सर्वथा सृष्टि का सनातन आलिंगन।
मनुज की उपज व्यर्थ प्रत्युत अन्वेषण,
नित्य अखण्ड निरादर पतन अभिनंदन।।

चेष्टाओं से जीवन उन्नति संभव,
भूषण-भूत, सम्यक, सुख-शांति सुगम्।
विविध में श्रेयस-निःश्रेय से अभ्युदय,
सर्वाभ्युदय अनुकूल चारित्र्य शुभम।।

स्वकर्त्तव्य श्रेयस्कर, साफल्य अनुष्ठान,
सर्वेश-विश्वम्भर प्राण-धर्म-संरक्षक।
सर्वदा रक्षाहित कटिबद्ध स्वयं साध्य,
अग्रगण्य सर्वाविध कल्याणमय पालक।।

युग-युगान्तर ज्ञान का अन्वेष द्रुत,
तदनुरूप स्वरूप उन्नति पंथ-सुगम।
संकल्प पूर्ण विकास हित-सद्भावना,
निः संदेह अनिवार्य स्वस्थ समागम।।

यज्ञ जीवन तंत्र की विशिष्ट भावना,
प्रत्येक जीवन कार्य मंत्र भावना।
सृष्टि के कल्याणार्थ फलतः महायज्ञ,
स्वधर्म सामीप्य निरासक्ति कामना।।

विविध में व्याप्त सनातन परम्परा,
सुसंस्कृत विचार-आचार समागम।
अविच्छिन्न अत्यंत निर्मल प्रवाह शाश्वत,
अपरिवर्तनीय सनातन लक्ष्य परम।।

कर्म स्वातंत्र्य, जीव नर योनि संभव,
लय सम्यक्-असम्यक् सर्वविध समर्थ निरन्तर।
पूर्ण स्वातंत्र्य, अनंत श्रुति समासीन,
सर्वसामर्थ्यमय सर्वांगीण परस्पर।।

न्याय, सांख्य, वेदान्त, व्याकरण,
योग-नीति के सन्मुख आकर्षण।
दर्शन के गुह्य रहस्यों का अट्टहास,
चिर-गान, मोदमय विधु गुण संकर्षण।।

धर्म शास्त्र प्रतिपादित अभ्युदय योग,
आचार-विचार का विशिष्ट विधान।
आधार स्वरूप परिचित पहिचान,
लौकिक, पार लौकिक उन्नति विहान।।

इतिहास में विविध धर्म प्राण-गुणी,
ऋषि-महर्षि-राजर्षि-सर्वोपरि-धुरीन।
धर्म स्वरूप उपदेश प्रयोग सुधा,
निश्चय दृष्टिपात मूर्त विग्रह प्रवीन।।

धर्म, समाज व्यवस्था, शिक्षाक्रम विशिष्ट,
जीवन की उदात्त स्वस्थ संकल्पना।
सत्य प्रकाश, अमरत्व का अजस्र स्रोत,
त्याग-आत्मार्पण वृत्ति, विधि साधना।

सभ्यता के रवि का सर्व प्रथम उदय,
ज्ञानोदधि की तरंगे सर्वत्र व्याप्त।
धर्म-त्याग-वैराग्य अविरल धारा,
कर्म-ज्ञान-भक्ति त्रिवेणी सुधा संतृप्त।।

संख्यातीत अवतारों का गौरव,
आध्यात्मिकता घनी फूली-फली।
जीवन की अत्यंत तपोमय ग्रन्थी,
त्याग स्नेह ज्ञान दीप रीति भली।।

सुविचार पूर्ण दर्शन पूर्ण रचना,
ज्ञान सिंधु का बिन्दु में समावेश।
संपूर्ण दिव्यालोक से चकाचौंध,
अशेषमंत्र प्रवर्तन, अनन्य परिवेश।

मैत्र–करुण–मुदित–उपेक्ष भावना,
मैत्र–करुण–मुदित–उपेक्ष साधना।
सर्वदा प्रावल्य धर्मावलंबियों का,
सभ्यता का छोर आदि अंत कल्पना।।

आत्मा का अमरता का स्तुतिगान,
तन्मय लय स्वलक्ष्य आत्मरूप अनंत।
सहिष्णुता विधि साधारण सौभाग्य,
शेष मूला मेघी वसन दिग्दिगन्त।।

रूढ़िवाद से विमुख सत्य अन्वेषण,
धर्म आचार विचार का आलिंगन।
मौलिकता गौरव का हृदि अनुभव,
श्री गणेश नव जीवन अभिनंदन।।

राष्ट्र, संस्कृति, की सफल अग्नि परीक्षा,
योग्यता, अजेयता, संसिद्धि गौरव।
प्राणों से प्रियतर जीवन संरक्षण,
बलि स्वधर्म, संस्कृति हित अमरत्व वैभव।।

सांस्कृतिक विचार तंत्र से गौरांग,
महाप्रभुओं से उत्कृष्ट धवल शिखर।
शिथिल संचारी कूट को निष्फल कर,
सनातन लोकमा पय धार प्रखर।।

पुनश्च गौरव गरिमा का दृढ़ निश्चय,
चिर समाज में सुसंगठन महामंत्र।
सांस्कृतिक परम्परा बोधि, सर्वदा,
चिर पुरातन भगवाध्वज सिद्ध अभिमंत्र।।

अंतर में आभास पूर्व गौरव,
समुपस्थित भोर स्वप्न की अपलक छवि।
असंख्य बलिदानों का स्मरण अवश्य,
कारण जीवन की मूर्तिमंत्र कृति।।

शाश्वत आशाओं आकांक्षाओं,
का प्रतिफल, जागृत निष्कलंक प्रतिबिंब।
जीवन का आद्य कर्त्तव्य, मान संरक्षण,
नेपथ्य में अमूर्त गौरव अविलंब।।

मूर्तरूप कार्य-शील चाहत बस,
सांस्कृतिक रथ गति-मति सुचारु रूप।
सर्वश्रेष्ठ तत्वों का संयोग अकथ,
तपस्या-त्याग-तपोवल-मनः अनूप।।

ध्येय की ओर अग्रसर तीव्र लगन,
इतिहास में प्रखर आलोक अखण्ड।
समाज व्यवस्था की मुख्य हृदितंत्री,
पथ प्रदर्शक गुरु हृदय शक्ति प्रचण्ड।।

श्रद्धामय और निष्ठायुक्त भावना,
ही आध्यात्मिकता का अमृत प्राण।
जीवन की श्वांस, आश वसुधा की,
सत्य, सार्थक, सह्य, सुखद सार प्रमाण।

अमर भावना का विविध संयोग,
आदि उद्भव की वैदिक चिर आशा।
आर्ष धर्मग्रन्थों द्वारा संबोधित,
आदि धुरी तदपि संभव नव श्वासा।।

पूर्व की अमूल्य निधि का उपार्जन,
संरक्षण प्रत्येक का कर्त्तव्य पावन।
आत्म कल्याण, विश्व शांति की तभी,
गौरव भूमिका पूर्ववत् सावन।।

शिष्ट लक्षणों के दिग्दर्शन का प्रयास,
व्यवहारिक लोकहित संपूर्ण ध्यान।
साधन से परिपूर्ण अनासक्त हो,
लौकिक उन्नति यज्ञ सर्वविध अनुष्ठान।।

परिणामतः जाज्वल्य अक्षुण्य आलोक,
से आलोकित सर्वदा आर्य संस्कृति।
आदि से अंत तक अविश्रान्त प्रवाह,
सतत पुनीत सनातन देव संस्कृति।।

जीवन का चरम लक्ष्य मात्र सर्वेश,
एक मात्र-उर लय अविरत गतिमान।
क्रमशः लक्ष्य की ओर अनथक प्रमाण,
धन्य भारत! संस्कृति!! का शुभ स्तुति गान।।

अंधकार उर चीर भोर संदेश,
क्षितिज अनंत उदघोष शुभ जागरण।
जय विमुक्त अट्टहास विस्मित मुख रेख,
आशा का सृजन विजय का कारण।।

मधुर रागिनी के स्वर का आनंद,
नेह का मेह स्वयं सजल रिमझिम।
मधु स्वधर्म संदेश प्रीति का सावन,
वसुधा के अंतस की कथा अंतरिम।।

पुरखों के कोटि प्रयासों का फल,
संजीवनी सुधामात्र मंथन की।
त्याग-तपस्या का फल अत्यंत मधुमय,
बस सुगंध आभास, सुखद नंदन की।।

प्रतिफल पल-पल परिवेश अनंग,
प्रकृति व्याप्त संतप्त-क्लांत स्वयं ही,
वक्ष प्रफुल्लित उन्नत बाछें, नवस्फूर्ति,
उन्मत्त वारुणी गति सा वसंत भी।।

आदि यज्ञ की जिस सुगंध ने वसुधा,
के आंगन को पूर्ण महकाया।
अपनी जय संस्कृतिमयी सुधा से,
निरा पशु को पूज्य देव बनाया।।

वसुन्धरा का कोना-कोना स्वयं,
दीपक बन तम-हरनें को आतुर।
अभिनव प्रयास फल अतुल सामर्थ्य,
आहुति-परम्परा अनवरत सुमधुर।।

पुरखों की साधना व्यर्थ न जाये,
आदि-अद्य, पर्यन्त तरनी-पथ अविचल।
तम चीर वक्ष अडिग ज्योति दृढ़ संबल,
साश्चर्य अमरता की श्वांस प्रतिपल।।

घोर तपस्या फल श्रुति अक्षय थाती,
गुरु गरिमा की ज्योतित सर्वदा बाती।
स्वजीवन भी हो "हुति" महायज्ञ में,
किंचित शेष न आश भस्म बस छाती।।

धन्य-भारती! धन्य संस्कृति!! चिर जीवन,
कोटि फलों का ऋणी तव आलिंगन।
शेष अंत तक कृतज्ञ व्रत प्राणार्पण,
"जगराम" उदधि पतवार पथ वंदन।।

◆◆◆

भेंट

विश्व वंदिनी भारत माता,
को तुमनें क्यों भुलादिया।
जग कल्याणिनी भारत माता,
को तुमनें क्यों भुलादिया।।

खंडित भारत माँ की पीड़ा,
को तुमनें क्यों भुला दिया।
खंडित भारत माँ की प्रतिमा,
को तुमनें क्यों भुला दिया।।

मोहन जोदड़ो वाले सिंधु,
को तुमनें क्यों भुला दिया।
सर्व श्रेष्ठ सभ्यता वाली वसुधा,
को तुमनें क्यों भुला दिया।।

परम पवित्र शक्ति पीठ हिंगुलाज,
को तुमनें क्यों भुला दिया।
मृत्युंजयी चिर गौरव गाथा,
को तुमनें क्यों भुला दिया।।

केकय और गांधार देश,
को तुमनें क्यों भुला दिया।
रणवल के जाबुल के वैभव,
को तुमनें क्यों भुला दिया।।

प्रवरसेन की विश्व विजय चाह,
को तुमनें क्यों भुला दिया।
ललितादित्य की जय हुंकारी,
को तुमनें क्यों भुला दिया।।

दाहिर सेन के सर्वस्व समर्पण,
को तुमनें क्यों भुला दिया।
विधवा रानी की समर कथा,
को तुमनें क्यों भुला दिया।।

सूर्या–परिमल के रणकौशल,
को तुमनें क्यों भुला दिया।
कोटि बांकुरों की बलिदानी,
को तुमने क्यों भुला दिया।।

झूलेलाल की दिव्य साधना,
को तुमनें क्यों भुला दिया।
देवल ऋषि की शुचि तपोभूमि,
को तुमने क्यों भुला दिया।

ऋषि मुनियों की अखण्ड तपस्या,
को तुमनें क्यों भुला दिया।
वेदमंत्रों की पावन भूमि,
को तुमनें क्यों भुलादिया।।

भगवान नरसिंह की जन्मभूमि,
को तुमनें क्यों भुला दिया।
लवकुश के प्रिय लवपुर–कुशपुर,
को तुमने क्यों भुला दिया।।

शालिवाहन के स्यालकोट,
को तुमनें क्यों भुलादिया।
आचार्य चाणक्य की तक्षशिला,
को तुमनें क्यों भुला दिया।।

वीर पोरस के समर ताण्डव,
को तुमनें क्यों भुला दिया।
ऐसे उद्भट वीरों के त्याग,
को तुमनें क्यों भुला दिया।।

महर्षि पाणिनी की गंगोत्री,
को तुमनें क्यों भुला दिया।
शाही वंश की अखण्ड परम्परा,
को तुमनें क्यों भुला दिया।।

ननकाना, पंजा, कटासराज,
को तुमनें क्यों भुला दिया।
रणजीत सिंह, हरी सिंह नलवा,
को तुमनें क्यों भुला दिया।।

शंकर की तपः स्थली कश्मीर,
को तुमनें क्यों भुला दिया।
मार्तण्ड और क्षीर-भवानी,
को तुमनें क्यों भुला दिया।।

सन् सैंतालीस की समाधियों,
को तुमनें क्यों भुला दिया।
सन् पैंसठ के अमर सपूतों,
को तुमनें क्यों भुला दिया।।

सन इकहत्तर के हुतात्माओं,
को तुमनें क्यों भुला दिया।
करगिल के बलिदान महायज्ञ,
को तुमनें क्यों भुला दिया।।

कोटिक वीरों के बलिदानों,
को तुमनें क्यों भुला दिया।
कोटि सपूतों के उपकारों,
को तुमनें क्यों भुला दिया।।

वसुधा के कोटिक उपकारों,
को तुमनें क्यों भुला दिया।
वसुधा के कोटिक उपहारों,
को तुमनें क्यों भुला दिया।।

सुमन सेज-तज उठो! वीर वर,
माँ की पुकार पहचानो।
मोहपाश तज उठो! वरिवर,
माँ की पुकार पहचानो।।

केशरिया तन धरो! वीरवर,
माँ की पुकार पहिचानो।
महासमर हित चलो! वीरवर,
माँ की पुकार पहचानो।।

शंकर बन रण करूं भयंकर,
ऐसी करो अटल प्रतिज्ञा।
महाप्रलय हित करूं ताण्डव,
ऐसी करो अटल प्रतिज्ञा।।

शोणित का कण-कण समर्पित हो,
ऐसी करो अटल प्रतिज्ञा।
भारति! की जगती में जय हो,
ऐसी करो अटल प्रतिज्ञा।।

माँ भारती! महिमा मंडित हो,
बस यही चाह हो उर में।
माँ भारती जग वंदनीय हो,
बस यही चाह हो उर में।।

माँ भारती! पुनर्प्रतिष्ठित हो,
बस यही चाह हो उर में।
माँ भारती जग संपूजित हो,
बस यही चाह हो उर में।।

माँ भारती! का गौरव गान,
दशों दिशाओं में गूंजे।
भारत माता का जयकारा,
दशो दिशाओं में गूंजे।।

हे प्रभु! जननी!! के चरणों में,
"जगराम" 'भेंट' चढ़ जाये।
हर श्वांस लगे यदि सेवा में,
तो यह जन्म धन्य हो जाये।।

◆◆◆